구양수평전

구양수평전

곽정충(郭正忠) 지음
황일권(黃一權) 옮김

옮긴이 서문

구양수(歐陽修 : 1007-1072)는 북송시대의 저명한 문학가, 정치가, 역사가이다. 중국의 전통문화는 그가 살았던 송대(宋代)에 와서 고도로 번영된 면모를 보인다. 송대에 다방면에 걸쳐 성취를 거둔 한 그룹의 문화 명인이 출현한 것이 바로 그 상징의 하나이다. 이들은 당시의 시대 상황을 폭넓게 이해하고 있었을 뿐만 아니라, 고대의 문화 전반에 대해서도 해박한 지식을 겸비하고 있어, 이들 자신이 왕왕 한 시대 문화의 결정체이자 대표이기도 하였다. 북송(北宋) 전기에 출현한 구양수는 바로 이들 문화 명인 그룹 가운데에서도 타의 추종을 불허하는 거성(巨星)이다.

구양수는 당시 문단의 맹주로서 송대 고문운동(古文運動)을 영도하여 화이부실(華而不實)한 유미주의 풍조를 일소하고, 송대(宋代) 산문 및 그 이후의 중국 산문이 건강한 모습으로 변모하고 발전하는데 커다란 기여를 하였다. 그는 절친한 친구이자 문풍혁신운동(文風革新運動)에 있어 동지이기도 한 매요신(梅堯臣)·소순흠(蘇舜欽)과 함께 송대(宋代) 시가(詩歌)의 새로운 면모를 열었다. 그리고 그가 안수(晏殊)와 함께 조성한 안구사파(晏歐詞派)는 송대 사단(詞壇)에서 주도적 역할을 하였다. 그는 ≪육일시화(六一詩話)≫를 저술하여 "시화"(詩話)라는 중국문학사상 새로운 비평형식을 창조하였다. 아울러 ≪신당서(新唐書)≫의 편찬을 주도하였으며, 단독으로 ≪신오대사(新五代史)≫를 완성함으로써, 중국의 수많은 사학가 가운데 탁월한 업적을 남긴 역사가이기도 하다. 또 ≪역동자문(易童子問)≫·≪시본의(詩本義)≫를 저술함으로써, 대의(大義)를 밝히는 데 힘쓰고, 옛것에 대해 의심을 가져보고 거짓을 변별해내는 것을 주된 특징으로 하는 "송학"(宋學)의 선하를 열었는데, 이는 경전(經典)을 신화(神化)하고 그것의 전(傳)과 주(注)에 충실하던 "한학(漢學)"과는 상충되는 새로운 학문연구 방법이다. 그는 또 금석문(金石文)고고학의 개척자이기도 하다. 이렇듯 다방면에 걸친 탁월한 성취로 인해 그에게는 산문가, 시인, 사인(詞人), 역사학자, 경학가, 고고학자, 시가평론가 등의 다양한 칭호가 붙여졌다.

최근 국내에서 구양수에 대한 연구가 활발히 진행되어 많은 연구 저작이 나왔다. 국내에서는 지금까지 모두 6편의 박사학위 논문을 비롯하여 20편에 가까운 석사학위 논문, 그리고 50여 편의 소논문이 발표되었다. 그리고 시와 산문을 선역(選譯)한 저작도 3종이 나왔다.

지난 8월 4-5일 양일간 중국 상해상학원(上海商學院)에서 「2009 구양수학술연토회(2009 歐陽修國際學術研討會)」가 열렸다. 구양수 연구의 대가인 홍본건(洪本健) 교수의 ≪구양수시문교전(歐陽修詩文校箋)≫(上·中·下)의 출판 기념을 겸해서 열린 이 학술대회에는 모두 41명의 학자가 초청되어 참가하였고, 구양수와 관련된 각 방면의 논문 37편이 발표되었다. 학자들 자신의 논문을 발표하는 것 외에도 한 편의 논문을 토론하는 방식으로 진행된 이 학술대회는 대단히 진지하고도 깊이가 있었다.

이 학술대회의 개막식 서두에서 옮긴이의 은사이자 중국 송대문학학회(宋代文學學會) 회장이신 왕수조(王水照) 교수의 "구양수 연구의 수준이 절대적으로 어느 수준에 도달해 있다고 논하기는 어려우나, 상대적으로 소식(蘇軾) 연구에 비해 폭과 깊이에 있어 뒤쳐져 있는 것이 사실"이라는 지적은 구양수 연구자들에게 많은 노력과 분발이 필요하다는 의미의 평가로 보여진다. 이 점에서 본다면, 주필대(周必大)가 편찬한 원각본(原刻本)을 주요 참고자료로 하여 교감(校勘)한 홍본건 교수의 역작(力作)은 향후 구양수 연구에 견실한 기초자료를 제공할 수 있다는 점에서 중요한 의미를 지닌다 하겠다.

구양수(歐陽修)에 대해 공부한다고 시작한 지도 어언 20년이 다 되어간다. 그간 구양수에 대한 글도 발표하고, 학위논문도 쓰고, 부끄럽지만 이를 고쳐서 책으로 출판하기도 하였다. 그러면서 틈나면 그의 문집을 꺼내어 소일삼아 읽으면서 천 년 전 강직하고 투쟁적이면서도 정이 많고 온화하였던 그의 모습을 떠올려 놓고는 대화를 나누면서 많은 것을 느끼곤 하였다. 이제 그와 이제까지와는 다른 새로운 이야기를 시작하여 보고자 한다.

《구양수평전》은 1982년 상해고적출판사(上海古籍出版社)에서 출판된 곽정충(郭正忠) 교수의《구양수(歐陽修)》를 우리말로 번역한 것이다. 이 책이 출판된 이후로 이와 유사한 서적이 더러 나왔다. 그렇더라고 구양수 연구의 초석이 되었던 이 책의 가치가 줄어들지는 않는다고 본다. 아무쪼록 본 번역서가 구양수에 대해 관심을 가지고 있는 여러분께 조그마한 도움이라도 되었으면 한다.

본서를 번역하는 데 있어 가급적 직역의 방법을 취하면서도 부득이 한 경우 다소 의역을 하기도 하였다. 그리고 원서에 적잖은 시문(詩文)이 인용되어 있는데다, 그 중 상당수는 참고할 만한 서적도 없어 번역하는 데 애를 먹었다. 아마 적절치 못한 번역이 더러 눈에 띌 것이라 생각된다. 관심 있는 분들의 많은 질정을 바란다.

마지막으로 이 책의 출판을 흔쾌히 수락하여 주신 학고방 하운근 사장님께 깊이 감사드린다.

2009년 8월

계명대학교 영암관에서

황 일 권

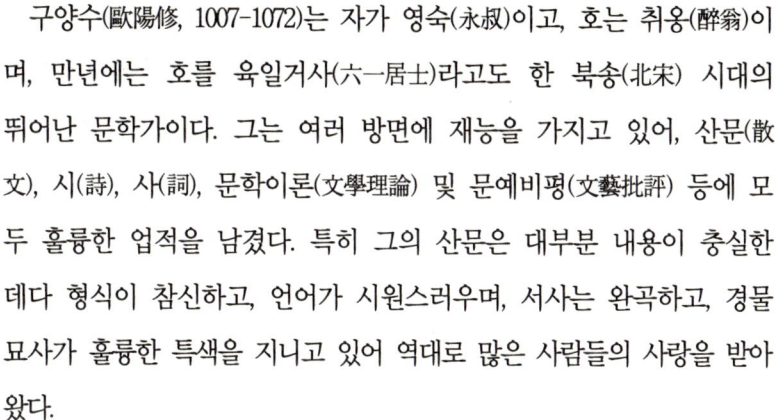

머리말

구양수(歐陽修, 1007-1072)는 자가 영숙(永叔)이고, 호는 취옹(醉翁)이며, 만년에는 호를 육일거사(六一居士)라고도 한 북송(北宋) 시대의 뛰어난 문학가이다. 그는 여러 방면에 재능을 가지고 있어, 산문(散文), 시(詩), 사(詞), 문학이론(文學理論) 및 문예비평(文藝批評) 등에 모두 훌륭한 업적을 남겼다. 특히 그의 산문은 대부분 내용이 충실한 데다 형식이 참신하고, 언어가 시원스러우며, 서사는 완곡하고, 경물묘사가 훌륭한 특색을 지니고 있어 역대로 많은 사람들의 사랑을 받아왔다.

구양수는 송(宋) 진종(眞宗)에서 신종(神宗) 때까지 살았는데, 이때는 북송이 최고의 전성기를 구가하고 있던 시기였다. 국가는 통일을 이루고, 경제는 번영하였으며, 과학기술이 발전하고, 사상문화는 활발하게 빛나고 있었다. 그리고 조정에서는 문사(文士)를 예우하는 정책을 펼쳤는데, 이 모든 것이 문학예술의 발전에 토양을 마련하여 주었다. 만당(晩唐)과 오대(五代)의 쇠미(衰微)한 국면을 거친 뒤에, 송대 문단에는 또 다시 뭇별들이 하늘을 수놓듯이 뛰어난 인재가 배출되는 활기차고 새로운 모습이 나타나기 시작하였다. 구양수는 바로 이러한 우수한 인재 가운데에서도 빼어난 인물이었다.

문학영역에서 구양수의 성취와 그가 창도(倡導)한 북송고문운동(北宋古文運動)의 승리는 본질적으로 당시의 사회적 조건과 시대적 필요에 의해 결정된 것이었지만, 동시에 그의 깊은 예술적 수양과 굽히지 않고 분투하는 정신과도 밀접한 관련이 있다. 중국문학사에 있어 그의 주요 공적은 한당(漢唐)고문의 우수한 전통을 드높이고, 많은 독특한 풍격의 뛰어난 산문을 창작함과 아울러 이를 바탕으로 많은 진보적인 작가를 단결시켰다. 이로써 200년 가까이 문단을 뒤덮어온, 안개에 싸인 듯이 어두침침한 형식주의 문풍을 제거하여, 송대와 그 이후의 문학을 위해 새로운 장을 열었다는 데 있다.

구양수가 만년에는 비록 높은 지위에 있었고 조정의 중신(重臣)이 되었지만, 일생 동안 많은 좌절을 겪었고, 벼슬길에서는 승진과 좌천을 반복하였으며, 험난한 세상살이의 쓴 맛을 보면서 당시 냉혹한 사회현실에 대해 비교적 깨어있는 인식을 하고 있었다. 이로써 고관에 이른 시기에 참석한 성대한 연회에서도 그는 풍유(諷諭)의 시구(詩句)를 읊을 수 있었고, 지게미로 양식을 대신하는 농민 앞에서는 자책하는 글을 남길 수 있었다.

구양수는 강인하고 굳센 성격의 소유자였고, 어질고 재능 있는 사람을 추천하기 좋아하였으며, 당대(唐代)의 고문(古文)이 사람들에게 외면당할 때, 윤수(尹殊)를 지음(知音)으로 생각하고 고문을 대대적으로 창작하였다. 서곤체(西崑體) 시풍(詩風)이 한 시대를 휩쓸고 있던 시절에 그는 매요신(梅堯臣)과 막역한 친구가 되어 서곤체시를 반대하는 기치를 내걸었고, 사륙문(四六文)이 성행하던 과거시험에서 이름난 변문(騈文) 작가를 다수 낙방시키고 산문작가를 발탁하였으며, 비방을 당해 귀양 가서 외직에 있으면서도 민간의 우수한 산문을 수집, 편집하고 인출하여 전파하였다. 바로 이런 까닭으로 그는 비로소 많은 시인과 작가의 경력 그리고 작품을 통해 진보적인 문학이론을 총결해낼 수 있었고, 자신의 문학적 주장이 점차 두루 호응과 지지를 얻게 할 수 있었다.

구양수의 문학 활동에서의 중요한 특징을 하나 들자면, 실질과 긴밀하게 연결되어 있고, 사회현실을 위해 이바지하는 데 주의를 기울였다는 점이다. 그는 자신이 시인이자 사(詞) 작가, 산문 작가이고, 학자이자 사상가, 정치가였다. 바로 이러한 이유로 그의 많은 우수한 작품 및 진보적인 경향은 폭넓고 깊은 사회적 영향을 미칠 수 있었고, 그가 창도한 고문운동은 산문발전사상 전통을 잇고 훗날을 개척하여 당대(唐代) 한유(韓愈)와 유종원(柳宗元)의 고문운동의 뒤를 잇는 또 하나의 기념비가 되었다.

구양수는 학식의 폭이 넓고 깊어 문학 활동 이외에도 역사학(歷史學)과 경학(經學), 금석문 고증 등에 대해서도 적극적으로 연구하고 저술함으로써, 이 모든 영역에 중대한 공헌을 하였다. 이 책은 주로 그의 문학 활동과 문학 영역에서의 성취를 소개하고, 이를 중심으로 다소의 분석과 평론을 가하였다.

일러두기

1. 이 책은 1985년에 출간된 《구양수(歐陽修)》를 우리말로 옮긴 것이다. 원서는 곽정충(郭正忠) 교수가 집필한 것이다.

2. 원서는 중국식 약자인 간체자(簡體字)로 되어 있는데, 이 책에서는 모두 번체자(繁體字), 곧 원래의 정자(正字)로 바꾸었다.

3. 원서의 본문이나 인용 예문 중에서 문맥상 오자가 명백하다고 판단되는 것은 원전을 확인한 뒤 별도의 역주를 달지 않고 바로 고쳤다.

4. 가능한 한 원문의 틀을 유지하며 원문의 한 글자도 놓치지 않고 충실하게 옮기려고 최대한 노력하였지만, 번역문이 매끄럽고 쉬운 우리말이 되도록 하는데도 주의를 기울였다. 따라서 만연체로 너무 긴 문장을 두세 문장으로 나누거나 단락을 구분한 것도 있고, 원문에서 서술문에 삽입된 인용문이 너무 긴 경우에는 줄을 바꾸어 인용문으로 처리하기도 했다.

5. 인용 예문의 경우에 번역문의 글투 또는 화법을 원작의 장르적 특성이나 상황에 맞는 문체로 옮겨, 독립적 생명력을 지닌 개별 작품으로서의 존재 의의를 부각시키고자 노력하였다.

6. 서명 또는 편명과 작품명은 번역하지 않고, 우리말 독음을 달았다.

7. 주석은 원서의 주석을 번역하여 붙였지만, 여러 주석서를 참고하여 타당하지 않은 것은 수정하였다. 문맥의 이해에 필요하다고 판단되는 경우에 한해 번역자가 주석을 붙인 다음, [역자 주]라는 말을 넣어 표시하였다. 그리고 출전을 명시하지 않고 인용한 경우에 출전을 주석으로 달기도 했

다. 또한 행문 또는 삽입문의 주석은 각주로 처리하였고, 인용문으로 처리된 작품의 주석은 원문의 하단에 배치하여 인용문 이해에 편리함을 도모하였다.

8. 한자는 우리말 독음을 다는 것을 원칙으로 삼았지만, ( ) 속에 부연 설명된 것이나 인용된 글의 경우에는 독음을 달지 않았다.

9. 한자는 가급적 적게 쓰고 반복 사용을 피하려고 했지만, 한자 교육의 필요성을 환기한다는 점에서 고유명사와 전문 용어 및 의미 전달의 혼란을 초래할 수 있는 말을 중심으로 필요하다고 생각되는 경우에는 괄호 속에 표기하였다.

10. 원서에서 밝히지 않은 인물의 생졸년이나 연호 사용 연대도 믿을 만한 사전에 근거하여 가급적 많이 보충해 넣으려고 노력하였다.

11. 이해의 인용문 번역 과정에서 널리 알려진 국내의 구양수 작품 번역서와 중국의 주석본 등을 두루 참고하였다. 번거로움을 피하기 위하여 일일이 밝히지는 않지만, 이 지면을 빌어 여러분들의 노고에 심심한 사의를 표한다.

12. 이 책에 쓰인 주요 부호는 다음 원칙에 따랐다.
    ' ' 중요한 의미를 지닌 어구나 용어를 강조할 때
    " " 인용할 때
    ( ) 인용 원문을 제시하거나 한자를 표기할 때
    《 》 책이름을 표기할 때
    < > 책의 편명 또는 작품명을 표기할 때
    [ ] 인용문에 대한 주석을 표기할 때

차례

옮긴이 서문 · 5
머리말 · 9
일러두기 · 13

제1장 소년시절 · 17
제2장 처음으로 변량(汴梁)에 가다 · 23
제3장 숭산(嵩山)과 낙수(洛水) 일대를 거닐다 · 31
제4장 두 차례 사간(司諫)에게 올리는 편지를 쓰다 · 43
제5장 이릉(夷陵)으로 첫 번째 좌천되다 · 57
제6장 건덕(乾德)에서 활주(滑州)로 · 69
제7장 경력(慶曆)년간 신정(新政)에 가담하다 · 79
제8장 다시 저주(滁州)로 좌천되다 · 89
제9장 양주(揚洲)에서 상구(商丘)로 · 99
제10장 가우(嘉祐) 2년 지공거(知貢擧)가 되다 · 113
제11장 변성(汴城)의 가을 소리 · 123
제12장 현달(顯達)과 은거 · 131
제13장 호(號)를 육일거사(六一居士)로 하다 · 143

제14장 구양수 산문(散文)의 특색과 영향·153
제15장 구양수의 사(詞)·163

구양수 연보·185
찾아보기·193

제1장 소년시절

　송(宋) 진종(眞宗) 경덕(景德) 4년(1007) 6월 21일, 구양수는 사천(四川) 성도(城都) 북부에 위치한 면주(綿州: 지금의 四川省 綿陽)에서 태어났다.

　구양(歐陽)이라는 성씨는 본래 상당히 대단한 집안이었다. 《구양씨보도서(歐陽氏譜圖序)》에 따르면, 이 집안은 하우(夏禹)의 후예로 월(越)나라 왕인 구천(勾踐)의 5대손 때 초(楚)나라가 월나라를 멸망시키자, 월나라의 왕자는 왕위를 잃고 오정(烏程: 지금의 浙江省 湖州) 구여산의 남쪽(歐餘山之陽)에 봉지를 받아 구양정후(歐陽亭侯)에 봉해졌다. 이후 자손들은 봉지의 명칭에서 따와 씨(氏)를 명명하여 모두 성(姓)을 구양(歐陽)이라 하였다. 수(隋)나라 말기, 당(唐)나라 초기의 저명한 서예가 구양순(歐陽詢: 557-641)이 구양수의 먼 조상이고, 당나라 때 길주(吉州: 지금의 江西省 吉安) 자사(刺史)를 지낸 구양종(歐陽琮)이 그의 제 15대 조(祖)이다. 구양종 이후 이 가족의 일부는 길주(吉州)의 여릉(廬陵)과 길수(吉水), 안복현(安福縣) 등으로 옮겨 거주

하였는데, "여릉의 큰 가문"(廬陵大族)이라 불리었다.

그런데 설명을 덧붙여야 할 것은 구양수 자신이 여릉 사람이라 하였고, 과거 일부 문학사 관련 저술에서도 그의 본관이 여릉이라고 인정하였지만, 사실은 적어도 구양수의 조부 대(代)부터는 그들 일가가 여릉현에 살지 않고 길수현의 사계(沙溪)에서 살았다는 것이다. 송 인종(仁宗) 지화(至和) 2년 길수현 사계는 다시 영풍현의 일부분으로 되었다. 그래서 정확하게 말하면, 그는 길주 영풍현(永豐縣, 혹은 吉水) 사람이라 할 수 있다.

이 구양씨 대가족은 구양수의 조부와 부친 때 이미 볼품없이 쇠락하였다. 구양수의 조부 구양언(歐陽偃)은 아주 높은 문학적 재능을 가지고 있었지만, 진사(進士) 시험에 응시하지 않았다. 구양수의 부친 구양관(歐陽觀)에게는 형제가 넷 있었는데, 비록 제각기 관직이 있었지만, 모두 관운(官運)은 형통하지 못하였다. 구양관은 일생동안 단지 추관(推官)과 판관(判官)을 각각 두 차례씩 지냈을 뿐인데다 이 모두 말단 관리였다. 그래서 구양수가 자신의 어린 시절 가정환경을 꺼낼 때마다 늘 "가난하고 보잘 것 없었다."(寒微)고 하거나 "가난하고 볼품이 없었다."(貧賤)고 하였다. 사실상 그의 가정환경은 그저 중소 지주 계층에 불과하였다.

구양관의 자는 중빈(仲賓)이고, 사람 됨됨이는 돈후(敦厚)하였으며, 관직에 있으면서 청렴하였다. 구양수가 태어날 때 그는 면주에서 군사추관(軍事推官)[1]을 지내고 있었는데, 그 때 나이 이미 56세였다. 일

---

[1] 軍事推官(군사추관): 일종의 말단 관직. 절도사(節度使), 관찰사(觀察使) 혹은 군(郡)·주(州) 군사 책임자의 속관(屬官)이며, 갖가지 문서를 총정리 하고 가부(可否)를

부 옥사(獄事)를 적절하게 처리하기 위하여 그는 늘 늦은 밤까지 이리저리 뛰어다녔다. 사형수에 대해서도 그들을 위해 살길을 찾을 찾아 줄 방법을 강구하였다. 사주(泗州: 지금의 江蘇省 盱眙 동북쪽)에서 추관을 지낼 때 구양관은 승진 전보 기회가 사실 상당히 많이 있었지만, 그가 윗사람의 비위를 맞추려 하지 않았기 때문에 끝내는 "직무에 태만하다."(殆於職務)는 탄핵을 당하였고, 그 결과 서쪽의 변방 지대인 사천으로 보내져 추관을 지내게 되었다. 그렇지만 그는 손님들을 아주 따뜻하게 맞이하였는데, 가끔은 그가 가진 것을 다 쓸 정도로 정성껏 대접하였지만, 평소 손님이 없을 때에는 매우 근검절약하는 생활을 하였다.

구양수의 모친 정(鄭)씨는 강남의 이름난 가문 출신인데다 학식도 있었다. 구양수가 네 살 되던 해, 구양관은 가족들에게 남겨둔 재산 하나 없이 불행히도 병으로 세상을 떠났다. 당시 구양수에게는 형과 여동생이 하나씩 있었고[2], 전 가족 네 식구는 생계를 꾸려갈 길이 막막하였다. 정씨는 하는 수 없이 아이들을 데리고 구양수의 숙부이자 당시 수주(隨州: 지금의 湖北省 隨縣)에서 추관(推官)을 지내고 있던 구양엽(歐陽曅)에게 의지했다.

정씨는 근검절약하여 가정을 꾸려나가면서 자녀에 대한 교육에도 주의를 기울였다. 그녀는 구양수에게 부친인 구양관의 사람 됨됨이

짐작하여 책임자에게 보고, 참고하게 한다. 일반적으로 종(從) 8품(品)이 담당한다.
[2] 구양수 형의 이름은 병(昞)이다. 용곤(龍袞)의 《강남야록(江南野錄)》과 이심전(李心傳)의 《구문정오(舊聞正誤)》에 따르면 구양병은 구양관(歐陽觀)의 전처의 아들이라고 한다. 구양수와 같은 어머니의 자식으로는 여동생 하나 밖에 없다.

에 대해 자주 이야기 해주면서 어떤 일을 처리하던지 자기주장 없이 남의 의견에 영합하지 말고, 어려움을 두려워하지 말며, 힘든 것을 피하지 말라고 당부하였다. 이것은 구양수의 강인한 성격 형성에 중요한 역할을 하였다. 정씨는 72세까지 살았고, 세상을 떠난 후에 남편을 따라 길수 사계현(沙溪縣) 봉황산(鳳凰山) 상강(瀧岡)에 묻혔다. 구양수는 유명한 <상강천표(瀧岡阡表3))>를 써서 양친의 형상을 생동적으로 묘사하였다.

구양수의 어린 시절은 진종(眞宗)조, 이른바 "태평성대"(太平盛世)의 상황 속에서 보냈다. 장강(長江)에서 멀지 않는 조그마한 강 옆에서 "귀가 얼굴보다 희고, 입술이 이를 가리지 않는"(耳白於面, 脣不掩齒) 이 소년은 어머니의 지도 아래 정신을 모아 글자 쓰기 연습을 하였다. 그러나 그의 먼 조상인 구양순과는 달리 그의 손에 들려진 것은 무소뿔 자루에다 여우 털로 만든 붓이 아니었고, 붓 아래에 펼쳐진 것도 흰 비단이나 풀 먹인 삼베가 아니라 남북조 시대의 도홍경(陶弘景: 456-536)이 그랬던 것처럼 그렇게 강가의 억새풀을 붓으로 삼아 모래 위에다 쓰는 것이었다. 이것이 바로 고금(古今)에 전해져 오며 읊어지는 "억새풀로 글씨 쓰기를 배우다."(荻畵學書)는 이야기이다.

글자를 쓰는 것 외에도 그의 어머니는 시를 몇 수 읊는 것도 가르쳐 주었다. 그는 만당시인 주박(周樸: 생존미상)과 정곡(鄭谷: 848-909)의 시집 및 당시에 유행하던 《구승시(九僧詩)》[4]를 읽고는 주박의

---

3) 阡表(천표): 천(阡)은 묘로 통하는 길을 뜻하며, 천표(阡表)는 묘로 통하는 길에 세우는 비문을 말한다.

"바람 따뜻해지니 새소리 자지러지고, 해 높게 솟으니 꽃 그림자 짙어가네."(風暖鳥聲碎, 日高花影重), "새벽이 되니 산새 소리 지저귀고, 비 지나가니 살구꽃 듬성듬성 하네."(曉來山鳥鬧, 雨過杏花稀)와 구승 가운데 한 사람인 혜숭(惠嵩) 스님의 "말은 풀려나 왔던 곳으로 내려가고, 수리는 빙빙 돌며 뒤의 구름과 다투네."(馬放降來地, 鵰盤戰後雲), "계령 너머로 봄소식이 있건만, 그 사람은 해문(海門)의 서쪽에 있다네."(春生桂領外, 人在海門西) 등의 시 구절을 거침없이 외워냈다. 비록 그들의 시에 깊은 사상과 신선한 내용이 담겨져 있지 않는데다가 시풍(詩風)이 화려하고 조탁이 심하기는 하지만, 구양수는 이를 통해 어느 정도 시적 영양을 섭취하였다.

송대에는 개인이 서적을 소장하는 것이 성행하여 어떤 사람은 소장한 서적이 만권 이상에 달하였다. 수주(隨州) 성남(城南)에는 많은 서적을 소장한 이씨 성의 명문 집안이 있었다. 구양수는 책을 살 돈이 없었지만, 늘 이씨 집의 동원(東園)으로 가서 이씨 집의 아이(이름은 李堯輔임)와 함께 꽃과 나무를 심고 어울려 놀았다. 어떤 때는 그들에게 책을 빌려 집에 가지고 와서 읽었다. 그는 책읽기에 남다르게 집중하여 좋아하는 곳을 읽고는 곧 베껴 쓰면서 외웠고, 다 베껴 쓰기도 전에 책 내용을 이미 다 읊어내기도 하였다.

언젠가 한번은 그가 이씨 집의 헌책을 놓아두는 다 해진 광주리에서 《한창려선생문집(韓昌黎先生文集)》을 발견하고는 빌려 집으로 돌

---

4) 《九僧詩(구승시)》: 송초(宋初) 9명의 시승(詩僧)의 시집이다. 구양수의 《육일시화(六一詩話)》에서는 아홉 승려 가운데 한 사람인 혜숭(惠崇)의 시에 대해 기술하였고, 사마광(司馬光)은 《속시화(續詩話)》에서 이를 보충하였다.

아오는 도중에 소리 내어 읽었다. 한유(韓愈: 768-824)의 깊고 두터우며 거대하고 드넓은 문장 필치는 곧바로 그를 매료 시켰다. 그는 단숨에 늦은 밤까지 읽었고, 마침내는 먹고 자는 것조차 잊었다. 당시 구양수는 10여 살에 지나지 않아, 비록 한유 문장에 담긴 의미를 완전하게 이해할 수는 없었지만, 드넓고 끝이 없는 문장의 기세만으로도 이미 그가 책을 손에서 놓을 수 없게 하기에 충분하였다.

이후 구양수는 배우기를 좋아하고 게으르지 않아 학문이 아주 빠르게 깊어져 갔고, 비교적 능숙하게 시를 쓰고 부(賦)를 지었다. 숙부인 구양엽은 그의 학문적 성장을 보고 매우 흐뭇해하면서, 정(鄭)씨를 위로하여 "형수는 집안이 어렵고 자식이 어리다고 걱정하실 필요가 없습니다. 이 아이는 특출한 아이입니다!"(嫂無以家貧子幼爲念, 此奇兒也!)라고 하였다.

제2장 처음으로 변량(汴梁)에 가다

　인종(仁宗: 趙禎)이 즉위한 이듬해, 즉 천성 원년(天聖 元年: 1023)에 구양수는 나이 열일곱 살이었다. 그는 처음으로 수주에서 과거에 응시하였지만, 낙방하였다. 집으로 돌아온 그는 잘 보관해두었던 구본(舊本) 한유(韓愈) 문집을 꺼내어 머리를 들어박고 한차례 정독하고 나서는 감탄하며 말하기를 "학자라면 마땅히 이 정도는 돼야지!"(學者當至於是而止爾!)라고 하였다. 하지만 과거 시험장에서 글을 평가하는 기준은 또한 무엇이었던가? 그는 주위에서 글공부 하는 사람들 중에는 한유의 문집을 들고 있는 이가 없다는 것을 마침내 발견하였다. 그들이 흥미진진하게 이야기 하는 것은 서곤체(西崑體)가 아니면 양억(楊億: 974-1020)과 유균(劉筠: 926-968)이 주창하는 "시문"(時文)이었다.

　2년 후 구양수는 두 번째 응시를 하였다. 그는 주시(州試)를 통과하고 예부(禮部) 시험에 추천되었다.[1] 그러나 예부에서 치르는 성시

---

1) 송대의 과거는 2년 혹은 3년마다 한 번씩 부(府)·주(州) 및 경성의 국자감(國子監)에

(省試)에서 또 낙방하였다.

두 차례의 낙방은 그의 기를 꺾어 놓았다. 그는 자신이 나갈 길을 다시 생각하게 되었고, 어쩔 수 없이 서곤체 시와 "시문"에다 주의를 돌리지 않을 수 없게 되었다.

이른바 서곤체 시는《서곤수창집(西崑酬唱集)》이라는 책으로 인해 이름이 붙여진 것이다. 송(宋) 초에 양억(楊億)·유균(劉筠)·전유연(錢惟演) 등 10여명의 문인은 서적을 편찬하는 여가 시간에 시흥(詩興)이 일어나자 만당(晚唐)의 이상은(李商隱: 812-858)·온정균(溫庭筠: 812?-870) 등의 작품 속에서 아름다운 표현을 발췌하고, 전고(典故)를 끌어와서 서로 창화(唱和)하면서 소일거리로 삼았다. 양억은 실질적인 내용은 아주 적은 이들 시구(詩句)를 짜 맞추어 작품을 지었고, 더욱이 곤륜산(崑崙山)에 있는 신(神)과 천황(天皇)의 장서 보관 장소, 즉 서곤옥부(西崑玉府)에 소장된 진귀한 작품에 견주어《서곤수창집》이라 이름을 붙였다. 사실상 이들 작품은 이상은의 작품에 나타난 것과 같이 그렇게 깊은 감정이 담겨 있지도 않고, 온정균의 작품에 나타난 그러한 멋도 아주 적은, 이들 시의 조탁과 난삽한 일면을 발전시켜 형식주의 길을 걸은 것에 불과하다.

이와 동시에 200년 전 한유와 유종원(柳宗元: 773-819)이 창도한 고문운동에 패했던 변문이 송초에 다시 고개를 들었다. 특히, 변문 가운데 하나의 체제인 이른바 사륙문(四六文)은 고대 성인과 경(經)·전(傳)의 전고를 기본 내용으로 하고, 사언(四言)과 육언(六言)을 주요

서 추시(秋試)를 통해 "공사"(貢士)를 뽑고, 공사의 명단을 예부에 송부한다.

구식(句式)으로 하며, 성률(聲律)의 화해(和諧)와 대장(對仗)의 정련함을 추구하고, 전아(典雅)한 시어(詩語)를 사용하며, 저속하지 않는 언어 사용을 강구하여야 한다. 송대 군주의 조령(詔令)은 당대의 틀을 그대로 답습하여 사륙문을 사용하여 쓰도록 규정 되어있었다. 유균과 양억은 그것을 표장(表章)과 주소(奏疏) 그리고 서신(書信)에까지 확대하였다. 이러한 변문은 그들의 창도아래 당시 시류에 맞는 외투를 걸쳐 입고 또 다시 문단을 장악하였는데, 이를 "시문"(時文)이라 부른다.

송대 사람 소백온(邵伯溫: 1057-1134)은 그의 《견문록(見聞錄)》에서 구양수는 "문구가 짝을 이루는 문장"(偶儷之文)을 배운 적이 있다고 지적하였다. 구양수도

저는 어릴 때 고아에다 집안이 가난하여 봉록과 벼슬살이를 하여서 모친을 봉양하려다 보니 스승에게 나아가 경서를 궁구하고 성인의 유업을 배울 겨를이 없었습니다. 그리고 서적과 역사를 두루 섭렵하면서 잠시 세속을 따라 이른바 시문이라는 것을 지었지만, 이것들은 모두 좀이 경전을 날 것으로 삼키는 듯하여, 이것을 옮겨다가 저것에다 짝 맞추고, 내용 없고 얄팍한 글을 지어 오직 당시 사람들에게 환심을 사지 못할까 걱정하였지 고인과 같이 뛰어나게 스스로 일가를 이루는 글을 지은 사람은 아니었습니다. (僕少孤貧, 貪祿仕以親養, 不暇就師窮經, 以學聖人之遺業. 而涉獵書史, 姑隨世俗作所謂時文者, 皆穿蠹經傳, 移此儷彼, 以爲浮薄, 惟恐不悅於時人, 非有卓然自立之言如古人者.)

[1] 蠹(두): 서적 및 문구류를 갉아먹는 곤충, 여기에서는 "천"(穿: 뚫다)자와 연용(連用)하여 발췌하여 베끼고 천착한다는 의미로 쓰였다.

라고 하여 부인하지 않았다. 이것은 결국 그가 약간의 "시문" 짓기를 배운 것은 벼슬을 하고 모친을 봉양하기 위한 것에 지나지 않았다는 것이다. 자신은 당시 결코 공자(孔子)와 맹자(孟子)의 경전(經傳) 저작을 진지하게 연구하지 않았고, 어떤 독립된 견해와 의론도 내지 못하였다는 것이다.

천성(天聖) 6년(1028) 구양수는 자신이 새롭게 쓴《상서학사언계(上胥學士偃2)啓)》예물로 하여 지한양군(知漢陽軍)3)을 지내던 서언(胥偃)을 배알하러 갔다. 서언은 그의 문장을 읽은 다음 크게 칭찬하며 그를 자신의 문하에 두었다. 이것이 구양수 문집에 실린 글 가운데 연대가 가장 빠른 작품이다. 문장의 첫머리에는 다음과 같이 쓰고 있다.

> 저는 옛날 황금을 쌓아 둔 집이 북쪽 도로 어귀에서부터 다투듯 이어져 있었는데, 청운이라는 이름이 붙어있어 서산의 땅값이 올라가게 하였다 들었습니다.
> (某聞在昔筑黃金之館, 首北路以爭趣 ; 附靑雲之名, 使西山而起價.)

"황금을 쌓아 둔 집"(筑黃金之館)이 가리키는 것은 전국(戰國)시대 연(燕)나라 소왕(昭王)이 누대를 지어놓고 문사(文士)를 초빙하던 고

---

2) 胥學士偃(서학사언): 학사(學士) 서언(徐偃)을 가리킨다. 자는 안도(安道)이다. 서언은 뒷날 한림학사를 제수 받았다.
3) 知漢陽軍(지한양군): 한양군(漢陽軍)의 책임자. 송대에는 전국을 15로(路: 뒷날 다시 18로, 22로, 26로로 나누었다.)로 나누고 로 아래에는 부(府), 주(州), 군(軍), 감(監)을 설치하였다. 조정에서는 조정의 신하를 파견하여 각 부, 주, 군, 감의 책임자를 맡게 하였는데, 이들 관직의 명칭은 각각 지부사(知府事), 지주사(知州事), 지군사(知軍事)라 불렸다. 간단하게는 지부(知府), 지주(知州), 지군(知軍)이라고도 불렀다.

사이다. 서산(西山)은 수양산(首陽山)을 가리키며, 주(周)나라 초 백이(伯夷)와 숙제(叔齊)가 은거하던 곳이다. 구양수는 이러한 전고로써 글머리로 하여 장장 천여 글자의 글을 써서 자신을 알아주고 등용해 줄 수 있는 사람을 찾고자 하는 심정을 나타내었다. 목적을 위해 쓴 이 글이 결코 뛰어난 것이 아니지만, 서언은 뜻밖에도 "한번 보고는 이 글을 대단하다 여겼으니"(一見而奇之), 송초 문풍의 화려함을 이를 통해 미루어 짐작할 수 있겠다.

천성 7년(1029) 봄, 23살의 나이에 구양수는 서언을 따라 수도인 변량(지금의 開封)에 갔다. 국자감(國子監) 시험에서 1등을 차지하고, 광문관생(廣文館生)에 보임(補任)되었다. 같은 해 가을 국학해시(國學解試)에서도 역시 1등을 차지하였다. 이듬해(1030) 정월, 안수(晏殊: 991-1055)가 주관하는 예부성시(禮部省試)[4]에서 또 1등을 하였다. 3월에 숭문전(崇文殿) 어시(御試)[5]에서 그는 14등을 차지하여 영예롭게 갑과(甲科) 진사(進士)에 뽑혔다. 5월 그는 장사랑(將仕郎)[6]·시비서성교서랑(試秘書省校書郎)[7]·서경유수추관(西京留守推官)[8]을 제수받았다.

---

4) 省試(성시): 송대 과거에 따르면, 각 부(府)와 주(州)에서 선발된 공사(貢士)가 심사를 거쳐 합격하게 되면, 당해 연도 겨울에 예부(禮部)로 가서 모였다가 이듬해 봄에 공원(貢院)에서 시험을 치르는데, 이를 성시(省試)라고 한다.
5) 御試(어시): 정시(廷試) 또는 전시(殿試) 라고도 한다. 즉 성시(省試)에 합격한 다음, 황제가 직접 다시 한 번 시험을 주관하여 치르는데, 여기에서 합격한 사람이어야 "진사"(進士)라고 불리워 진다.
6) 將仕郎(장사랑): 종 9품의 문산관(文散官).
7) 試秘書省校書郎(시비서성교서랑): 비서성(秘書省)은 지적도와 호적을 책임지고 있는 관서이고, 교서랑(校書郎)은 교감과 제작을 담당하는 직무인데, 등급은 미치지 못하나 그 직무를 담당하는 것을 시질(試秩)이라 한다.
8) 西京留守推官(서경유수추관): 서경 낙양의 최고 책임자에 딸린 하급관리. 송대에는

과거장에서의 합격과 낙방이 재능을 가늠할 수 있는 믿을 만한 기준도 아니고, 합격자 명단 위의 "삼원"(三元: 壯元·省元·解原)과 "진사"(進士)가 반드시 정말로 학문이 높은 것은 아니다. 구양수는 그가 두 차례 낙방에서부터 세 번의 시험에서의 1등, 내지는 영예롭게 진사에 뽑히기까지, 그 오묘함이 도대체 무엇인지 스스로 잘 알고 있었다.

새로이 선발된 진사에게 조정에서는 관례대로 상을 내렸다. 등위가 적힌 문서가 전달되어 발표된 다음, 황제가 직접 납시어 시를 내리고, 조복(朝服)과 홀(笏)을 하사하며, 연회를 베풀어 준다. 이어서 곧 바로 말 탄 시종들을 거느리고 거리를 행차하기 시작한다. 그들은 숭정전(崇政殿)에서 동화문(東華門)으로 나오는데, 앞에는 안내자가 있어서 길을 인도하고 뒤로 시종을 거느리고서 동경(東京, 즉 開封)거리를 당당하게 거닌다.

구양수는 미래에 장인이 될 서언에게 매우 고마워하였고, 이번 성시(省試)의 지공거(知貢擧)인 안수(晏殊)에게도 감사해 하였다.

안수는 구양수 보다 16살이 많았으며, 강서(江西) 사람이었다. 이때 그는 이미 한림학사(翰林學士)이자 저명한 사(詞) 작가였다. 구양수는 그를 "사람 됨됨이가 대쪽 같이 강직하고, 사람을 정성으로 대하였다."(爲人剛簡, 遇人必以誠)9)고 하였다. 《송사(宋史)》에서도 그를

서·남·북 3경에 모두 유수관(留守官)을 설치하였다. 유수관은 지부(知府)를 겸하며 군사·정치·재무를 책임졌고, 유수의 아래에는 판관과 추관 등의 부하 관리가 있어 주로 범죄를 심문하는 등의 사무를 책임졌다.
9) <觀文殿大學士行兵部尙書西京留守贈司空兼侍中晏公神道碑銘幷序>, 《歐陽修詩文校箋·居士集》卷二十二

"평소에 어진 이를 좋아하고"(平居好賢), "문장이 매우 아름다웠다." (文章贍麗)고 한다. 안수의 어진 이를 좋아하는 인품과 아름다운 사풍(詞風)은 모두 구양수에게 상당한 영향을 미쳤다.

이번 경성에서의 과거시험에 응시하면서 구양수는 생김새가 기이하고 위용 있는 한 쌍의 형제도 알게 되었다. 이들은 모두 개봉사람이었다. 소순원(蘇舜元: 1006-1054)이라고 하는 형은 글씨를 썼다하면 아주 훌륭하게 써내었고, 초서(草書)에 매우 뛰어났다. 소순흠(蘇舜欽: 1008-1048)이라고 하는 동생은 서예에 뛰어났을 뿐 아니라 멋진 남자였다. 특히 소순흠의 시가와 잡문은 그의 생김새같이 훌륭하고 멋있었다.

개봉(開封) 사람인 이 두 소씨 형제와 같이 있던 사람으로는 목수(穆修: 979-1032)가 있었다. 목수는 비록 일찍이 진사에 합격하였지만, 그 때까지 벼슬을 한 적이 없었다. 소순흠은 그가 "고관들을 욕하기를 좋아하고, 시대적 병폐를 질타하였다."(好詆卿弼, 斥言時病)10)고 하였다. 즉, 조정의 고관과 귀족을 공격하고, 시대 정치의 폐단을 비판하기를 좋아하였다는 것이다. 산체(散體)로 쓴 그의 시문(詩文)은 아주 훌륭하다. 천성 말기에 목수는 개봉을 떠돌다가 남하(南河) 일대에서 살았다. 그는 자신의 빈곤함과 고독함에도 아랑곳하지 않고 돈을 꿔달라고 하여 수백 부의 유종원 문집을 인쇄하여 팔았다. 그와 또 다른 문사(文士)인 유개(柳開: 948-1001)는 모두 북송고문운동의 선구자라 해야 한다. 안타깝게도 그의 처지가 미천하고 역량이 없는

---

10) <哀穆先生文幷序>,《蘇學士文集》卷十五

지라 유종원 문집은 끝끝내 팔기가 어려웠다. 꼬박 1년을 팔았지만, 100부에도 못 미쳐 아이의 병을 치료할 약값조차도 모자랐다. 명도원년(明道元年: 1032) 그는 고향으로 돌아가는 도중에 슬프게도 세상을 떠났다.

구양수는 비록 사륙문으로 진사가 되었지만, 시속(時俗)은 거들떠보지도 않고 고문(古文) 짓기를 좋아하는 소순흠과 목수 두 사람에 대해 마음속에서 우러나오는 흠모를 나타내었고, 이들이야말로 "이 시대의 현인이며 호걸이고"(當世賢豪), "세속의 취사선택에 끌리지 않고"(不牽世俗取捨), "홀로 우뚝 선 선비"(特立之士)라 하였다. 그가 시문 학습을 한 것은 단지 봉록을 얻을 "출세수단"(敲門磚)을 찾기 위한 것일 따름이고, 고문을 쓰는 것이야말로 평소에 먹고 있던 마음인 이상, 지금은 이미 벼슬길에 접어들었으니, 이 "수단"(磚)을 팽개쳐도 괜찮다는 것이다. 그는 훗날 옛일을 되돌아보며 "지금 세상 사람들이 이른바 사륙이라 하는 것은 내가 좋아하는 것은 아니다. 젊어서 진사가 되고자 할 때 그것을 짓지 않을 수 없었지만, 급제하고부터는 마침내 팽개치고 더 이상 짓지 않았다."(今世人所謂四六者, 非修所好. 少爲進士時, 不免作之, 自及第, 遂棄不復作.)[11]고 하였다. 낙양(洛陽)에서 매요신(梅堯臣)과 윤수(尹殊)를 알게 된 뒤로 그의 시문 창작은 참신한 단계에 접어들었다.

---

11) <答陝西安撫使範龍圖辭辟命書>, 《歐陽修詩文校箋・居士集》 卷四十七

제3장 숭산(嵩山)과 낙수(洛水) 일대를 거닐다

천성 9년(1031) 3월, 구양수는 낙양(洛陽)으로 가 전유연(錢惟演: 977－1034) 수하에서 추관(推官)을 지냈다.

전유연은 오대십국(五代十國) 중의 오월(吳越)의 왕자이다. 송 왕조에 귀순한 이후 장수이자 재상이 되었다. 게다가 작품이 섬세하고 아름다우며 자구(字句)를 화려하게 다듬어 서곤체 영수 가운데 한 사람이 되었다. 이 때 마침 그는 사상판하남부(使相判河南府)[1]로서 황제가 서경(西京)을 떠나 순행(巡行)할 때 남아서 서경(西京)을 지켰다. 관직이 높고 직무가 한가하며, 그 자신이 인재를 아끼기도 하였기 때문에 막부(幕府)에다 많은 명사를 초치하였다. 구양수는 자주 낙양의 재자(才子)들과 함께 하면서 서적을 탐독하거나 문장을 짓지 않으

---

1) 使相判河南府(사상판하남부): 전유연은 절도사(節度使)로서 재상(宰相)을 겸하였고 ("使相"이라고 일컫는다.), 서경(西京)의 소재지인 낙양(洛陽)은 하남부(河南府)에 속하였는데, 이렇듯 이품(二品)이상의 고관이 지부(知府)를 겸하는 것을 송대에는 판~부(判~府)라 하였다.

면 술 마시고 시를 지었다. 어떤 때는 나이가 젊고 관직이 낮은 동료 몇을 초청하여 낙양의 명승고적을 유람하러 갔다. 이 시기에 그는 유람하러 다니는 것을 내용으로 하는 많은 시와 문장을 지었다.

…… 전략 ……
삼월에 낙양에 들어가니
봄이 무르익어 꽃이 아직 남아있네.
…… 중략 ……
낙양은 옛 주(周)·한(漢)이래 옛 도읍지라
많은 집들에 경치가 아름답고
황량한 옛 궁궐 볼 수 있어
안팎으로 강산이 장엄하게 펼쳐져 있네.
매일 할 일 없어 서로 따라 다니며 놀고
마치 큰 기러기가 훌쩍 날듯이 말에 올라
성문을 나서면 온통 수양버들 드리워져 있어
말 발걸음 내키는 대로 가면 바로 이름난 동산이네.
야들야들한 죽순 가루 향기 그윽하고
맑은 못엔 부평초가 비단같이 출렁이네.
…… 후략 ……

…… 前略 ……
三月入洛陽　　春深花未殘
…… 中略 ……
洛陽古郡邑　　萬戶美風煙
荒涼見宮闕　　表裏壯河山
相將日無事　　馬若鴻翩
出門盡垂柳　　信步卽名園
嫩籜筍粉暗　　淥池萍錦翻

殘花落酒面　　飛絮拂歸鞍[2]
…… 後略 ……

[1] 籜(타): 죽순의 껍질
[2] 筠(균): 대나무 껍질

낙양은 동주(東周)와 동한(東漢)의 수도였고 수(隋)나라와 당(唐)나라의 동도(東都)였다. 지난날의 궁궐과 숲이 우거진 동산은 이미 이지러졌지만, 웅장한 산천 지세는 여전히 장관을 이룬다. 북송이 건국된 이래로 이곳은 수도에서 멀지 않아 서경이라 불리었고, 벼슬아치들이 관리가 되면 앞 다투어 이곳에 와 이리저리 뒤섞여 살았다. 진종 시대에 와서는 이미 수도와 통하는 커다란 읍(邑)의 지위를 회복하였다. 전국에 이름난 모란도 이 옛 읍에다 운치를 더해 준다. 구양수의 <낙양모란기(洛陽牡丹記)>[3]에서는 다음과 같이 묘사하였다.

　　낙양의 풍속은 모름지기 꽃을 좋아한다. 성 안에서는 봄이 되면 신분이
　높은 사람이건 낮은 사람이건 간에 다 꽃을 꽂고 다니는데, 설령 짐을 진
　사람도 그러하다. 꽃이 필 때면 사대부와 서민들이 모두 앞 다투어 노닌다.
　왕왕 옛 사찰이나 이지러진 저택에 연못과 누대가 있는 곳에는 시장이 서
　니 휘장이 쳐진 가게가 세워지고, 악기와 노래 소리가 끊임없이 들린다.
　월파제·장가원·당체방·장수사의 동쪽 거리·곽령택이 가장 시끌벅적
　하지만, 꽃이 지면 이내 끝이 난다.
　(洛陽之俗, 大抵好花. 春時, 城中無貴賤, 皆揷花, 雖負擔者亦然. 花開
　時, 士庶竟爲遊遨, 往往于古寺廢宅有池臺處, 爲市井, 張幄帟, 笙歌之

---

2) <書懷感事寄梅聖兪>, 《歐陽修詩文校箋·居士外集》卷二
3) 《歐陽修詩文校箋·居士外集》卷二十二

聲相聞. 最盛于月陂堤, 張家園, 棠棣坊, 長壽寺東街與郭令宅, 至花落, 乃罷.)

낙양의 모란은 무측천(武則天)때부터 줄곧 명성을 누려 왔는데, 송대에 이르러서는 이미 수십 종으로 발전하여 "천하제일"(天下第一)이라 불리었다. 북송의 통치자는 태평성대를 이어가고 향락을 추구하기 위하여 사대부들이 꽃을 좋아하는 "고상한 흥취"(雅興)를 장려하고, 아울러 그것이 낙양성 전체의 풍속으로 발전하게 하였다. 설령 늦은 봄이 되더라도 이곳은 여전히 꽃의 세상이다. 구양수가 이때는 아직 벼슬길에서 좌절과 어려움을 겪지 않은지라 낙양 재자들의 미친 듯이 노는 생활 속에 도취되어 있었다.

낙양성의 교외에는 남쪽에서 북쪽으로 흐르는 맑고 얕은 강이 한 줄기 있었다. 동서로 산을 끼고 있는데, 큰 산이 강 가까이 와서 끊겼다. 이것이 바로 이수(伊水)와 용문(龍門, 伊闕이라고도 함)이다. 이곳의 그윽하게 아름다운 풍경은 한·위(漢魏)이래로 많은 문인과 묵객(墨客)들을 끌어들였다. 낙양에서 용문까지는 18리 밖에 되지 않아 아침에 놀러 와서 저녁에 돌아 갈 수 있었다. 구양수는 그의 친구들과 여러 번 이곳에 와서 노닐고 감상하거나, 이수에서 배를 타고 낚시를 하거나 용문에 올라 멀리 바라보곤 하였다. 그의 <유용문(遊龍門)>4) 15수의 고시(古詩)에서는 이곳의 경물과 자신이 관람한 느낌을 주제별로 기술하였는데, 여기에 두 수를 골라서 적어 본다.

---

4) <遊龍門·上山>, 《歐陽修詩文校箋·居士集》卷一

짚신 신고 높은 산에 올라
험한 산세 살피면서 그윽한 경치 마음에 담네.
개울가 꽃들 일찍 피었다고 놀라하는데
문득 바라보니 문짝 같은 두 돌산 사이가 확 틔어 있네.
숲이 끝나는 곳에서 길을 이미 잃었으니
나무꾼 노래 메아리 좇아갈 뿐이네.

躡蹻上高山　探險慕幽賞
初驚澗芳早　忽望巖扉敞
林窮路已迷　但逐樵歌響

[1] 躡蹻(섭교) : 짚신을 신고 걸어가다.[역자 수정]
[2] 巖扉敞(암비창) : 용문산(龍門山: 西山)과 향산(香山: 東山)이 이수(伊水: 伊川)를 사이에 끼고 문 같이 서로 마주보고 있어, 두 산봉우리 사이가 확 틔어 있음을 말한다.

　시는 비록 6구(句)뿐이지만 끝없는 생기(生氣)가 내포되어 있다. 특히 이수 양쪽에 우뚝 솟아 있는 이름난 큰 바위가 마치 두 개의 활짝 열린 문 같다고 쓴 것이나, 걸음가는 대로 산을 가다가 길을 잃었을 때 나무꾼의 노래 소리를 따라 가는 정경을 묘사하고 있는 것은 모두 생기 넘치고 참신하다.

향기 나는 풀은 난초로 담근 술로 제사지내며
함께 소나무 숲속에서 조문한다.
개울어귀서 산꼭대기 바라보지만
뜬 구름 이는 광경만 보이네.

芳荃奠蘭酌　　共吊松林裏
溪口望山椒　　但見浮雲起5)

[1] 芳荃(방전): 일종의 향초
[2] 山椒(산초): 산 정상을 가리키며, 남조(南朝) 송대(宋代) 시인 사장(謝莊)의 부(賦)에서 끌어 왔다.

이것은 당대의 대시인 백거이(白居易: 772-846)를 추모한 시이다. 백거이가 태자소부(太子少傅)6)를 제수 받았기 때문에 그의 묘를 백부분(白傅墳)이라고 부른다. 한유가 고문운동을 창도할 때 그는 신악부운동(新樂府運動)의 영도자였다. 백부분은 용문산 소나무 숲속에 있고, 묘 옆에는 각종 향초가 가득하게 자랐다. 구양수는 난으로 담근 술을 제물로 하여 제사지내고 특별한 존경을 표하였다. 용문동산(龍門東山)의 향산사(香山寺)에는 백거이의 많은 유적이 있다. 그러나 그가 창도한 신악부운동은 당말오대(唐末五代) 까지는 이어지지 못하였다. 북송 초기 시단에는 원진(元稹: 779-831)과 백거이의 시풍(詩風)이 자취를 감추었다. 그래서 말구(末句)에 "덧없는 구름 일어나는 것만 보일뿐이네."(但見浮雲起)라고 써서 작자의 서러운 감정을 두드러지게 표현하였다.

구양수가 이천에서 배 띄우고 용문에서 한가로이 노닐고 있을 때, 매요신도 돌로 지은 누대 아래의 팔절탄(八節灘) 나루에 왔다. 구양

---

5) <遊龍門・白傅墳>, 《歐陽修詩文校箋・居士集》卷一
6) 太子少傅(태자소부): 태자(太子)를 보좌하는 동궁(東宮)의 관원인데, 태자소사(太子少師)・태자소보(太子少保)를 합하여 "삼소(三少)"라 부른다.

수는 훗날 이를 추억하며 말한다.

  …… 전략 ……
  용문산은 푸른 녹음으로 빽빽하였고
  이수는 맑은 물로 찰랑거렸지.
  이수 가에서 그대를 만났는데
  처음 만났어도 이미 마음 통해 활짝 웃었었지.
  유수 어른 뵐 틈도 없이
  서로 손을 끌며 향산을 걸었지.
  이때부터 마음이 유쾌하고 편안해져서 지내니
  꼭 산속에 풀어놓은 원숭이 같았지.
  …… 후략 ……

  …… 前略 ……
  龍門翠鬱鬱　伊水淸潺潺
  逢君伊水畔　一見已開顔
  不暇謁大尹　相携步香山
  自茲愜所適　便若投山猿[2]
  …… 後略 ……

[1] 愜(협): 만족스럽다. 즐겁다.[역자 주]
[2] 投(투): 놓아두다. 마치 갇혀있던 원숭이를 산으로 돌아가게 놓아
  준 것 같다는 의미이다.[역자 주]

  미래의 산문대가와 탁월한 시인이 낙양 성남의 이수 가에서 만나
이때부터 절친한 친구가 된 것은 송대 문학사상 하나의 기념할 가치

---

7) <書懷感事寄梅聖兪>, 《歐陽修詩文校箋·居士外集》卷二

가 있는 일이다. 매요신(1002-1060)은 자가 성유(聖兪)이고 선주 선성(宣州宣城: 지금의 安徽 宣城) 사람인데, 이 해에 서른 살로 하남주부(河南主簿)8)를 지내고 있었다. 구양수는 매요신을 처음 만나 그의 시인 기질에 끌려서 그를 데리고 "태윤"(大尹, 즉 뭇 관원의 수장인 전유연)을 배알하러 갈 틈도 없이 곧바로 한패가 되어 향산(香山)으로 놀러 가 버렸다. 그 즐겁고 유쾌한 마음은 마치 산림의 품속에 들어간 원숭이 같았다.

그들은 함께 향산을 노닐었을 뿐만 아니라, 숭산(嵩山)도 함께 유람하였다.

> 숭산과 낙수 아래에서 왔다 갔다 하다가 절벽이 나오면 개울을 거슬러 올라가 깊은 숲 속의 옛날 집에 이르면, 어김없이 그 안에서 성유와 함께 소리 높여 시를 읊조렸다. 시작할 때는 기뻐하면서 서로 득의양양해 하였지만, 마칠 때는 자연에 빠져들고 젖어드는 것이 더 나았을 것을 확연히 느꼈다.
> (倘徉于嵩洛之下, 每得絶崖倒壑, 深林古宇, 則必相與吟哦其間. 始而歡然以相得, 終則暢然覺乎薰蒸浸漬之爲益也.) 9)

전대(前代)의 많은 문학가와 마찬가지로, 그들은 느긋하게 노니는 가운데 함께 대자연의 가르침과 그것의 몰입을 느꼈고, 서로 산천경

---

8) 主簿(주부): 송대에는 각 감(監)·사(寺) 및 부(府)·주(州)·현(縣)에 모두 주부를 설치하였다. 주부는 문서와 장부를 관리하고, 관청의 물건을 출납하며, 문서를 삭제·기록하는 사무를 담당하는, 앞에 나열한 기관 최고 책임자를 보좌하는 하급관리이다. 매요신은 천성 9년(1031)에 하남현(河南縣) 주부를 지냈다.
9) <送梅聖兪歸河陽序>, 《歐陽修詩文校箋·居士外集》卷十四

치에 대한 체험과 느낌을 교류하면서 시가 창작의 경험을 교류하였다. 구양수와 매요신 사이의 우정은 두 사람의 시와 문장에 여러 차례 언급되어 있다. 게다가 오랜 시간을 거치면서 더욱 돈독해진 우의는 두 사람의 문학 활동 기간 동안 중요한 역할을 하였다.

매요신 외에도 구양수는 이때 또 다른 한 지기(知己)인 윤수와 알게 되었다. 윤수(尹殊: 1001-1047)는 자가 사노(師魯)이고, 하남(河南)사람이며, 이 해에 나이가 31세로 하남부윤향현령(河南府尹陽縣令)10)을 지내고 있었다. 그는 고문 애호자로 박학다식하고 옛 것을 통해 현재를 꿰뚫어 볼 줄 알았으며, 특히 《춘추(春秋)》에 뛰어났다. 그의 문장은 풍격이 간결하면서 예스러워 송초의 화려하면서 활기가 없는 누습(陋習)을 확실히 벗어나 있었다. 한번은 전유연이 쌍계루(雙桂樓)와 임원역(臨園驛)을 짓고는 사강(謝絳: 994-1039)11)·구양수·윤수 세 사람에게 각각 기(記)를 쓰라고 명(命)하였다. 약 이틀 후에 물가에 지어놓은 정자에서 술을 조금 마시고는, 각각 자기가 지은 글을 내놓고 우열을 가렸다. 이 때 사강의 글은 5백 자였고, 구양수는 5백여자였으며, 윤수 만이 3백 8십 여 글자만 써서 지었는데, 언어가 간결한데도 일들은 다 묘사하였고, 전아하고 장중하며 틀이 갖추어져 있었다.

구양수는 윤수의 문장이 예스럽고 준엄하며 깔끔하게 다듬어져 있

---

10) 河南府(하남부): 송대에는 낙양(洛陽) 주위, 즉 서경(西京) 경기지역의 여러 현(縣)을 다스리기 위하여 16개 현(縣)으로 행정단위를 나누었다. 그 가운데 이양현(伊陽縣)은 지금의 여양(汝陽)과 이천(伊川) 일대에 있었다.
11) 謝絳(사강: 995-1039): 자는 희심이고, 매요신의 손위 처남으로 천성 9년에는 하남부 통판(河南府通判)을 지냈는데, 그곳에서의 지위는 전유연의 바로 다음이었다.

음에 탄복하면서 윤수의 문장풍격이 자신과 아주 근접해 있다고 여겼다. 이로부터 그는 윤수를 문학상의 지기로 간주하여 의식적으로 윤수에게 배우면서 고문을 지었다. 윤수도 그를 흔쾌히 지도하였다. 이들 두 사람은 늘 온종일 함께 있으면서 한유의 문장을 읽고 연구하였다. 구양수는 당시 맡고 있던 직무에 따라 사륙문으로 공문을 써야 했지만, 결국 고문 쓰는 데다 모든 정력을 쏟았다. 윤수는 "대체로 글이 꺼려하는 것은 격은 낮은데도 글자는 넘쳐나는 것이다."(大抵文字所忌者, 格弱字冗)12)고 그에게 일러 주었다. 구양수는 이 원칙을 깊이 새기면서 피나는 연습을 하여 마침내 500여자로 썼던 그 작품을 다시 썼다. 이번에는 윤수의 작품보다 20자 적었을 뿐 아니라 더욱 정련되고 간명하며 틀이 잡혀 있었다. 윤수는 구양수의 진보에 대해 크게 경탄하면서 "자네는 하루에 정말로 천리를 가는 구만!"(歐九眞一日千里也.)13)이라고 말하였다.

구양수로 말하자면 이것은 하나의 중요한 전환점이었다. 그가 이때 쓴 산문으로는 <유대자원기(遊大字園記)>·<벌수기(伐樹記)>·<명인대사탑기(明因大師塔記)>·<비비당기(非非堂記)>·<총취정기(叢翠亭記)>등이 있다. 그 가운데 <총취정기>14)는 순검사(巡檢使)15)의 부탁을 받아 낙양성 북쪽에 있는 관공서 안의 한 조그마한 정자를

---

12) 《湘山野錄》卷上
13) 《宋稗類鈔》卷五
14) 《歐陽修詩文校箋·居士外集》卷十三
15) 巡檢使(순검사): 송대에는 국경지역과 내륙지역의 주(州)와 현(縣)에 모두 순검사(巡檢司)를 설치하였다. 해당 지역 순검사(巡檢司)의 수장(首長)으로 주와 현의 도둑 체포, 순라, 군대 훈련 등의 일을 주관하며, 소재지 주·현 수령의 통제를 받았다.

기술한 작품이다.

　　남북으로 확 트여있어 멀리 바라볼 수 있다. 산 가운데에는 이어져 있는 것, 높이 솟아 있는 것, 동굴이 있는 것이 역참 같이 서로 이어져 있기도 하고, 낮게 서로 들어붙어 있기도 하며, 높이 서로 가리키고 있기도 하고, 높다랗게 우뚝 솟아있기도 하고, 깎아지르듯 험하게 높이 솟아 있기도 하며, 오면 마주하고, 가면 등지고, 무너진 언덕에 괴상한 개울이 달리는 것 같기도 하고, 웅크리고 있는 것 같기도 하며, 만나는 것 같기도 하고, 기대는 것 같기도 한 것이 보이는데, 전해지기로 숭산의 남쪽에 서른여섯 개의 봉우리가 있다고 한 것을 앉아서 모두 셀 수 있다. 푸른 산들이 모여 늘어서 있는 모양을 취하고 있어 이에 '총취'라고 이 정자에다 이름을 붙인다.
(敞其南北以望焉. 見山之連者, 峰者, 岫者, 駱驛聯亙, 卑相附, 高相麾, 亭然起, 崒然止, 來而向, 去而背, 頹崖怪壑, 若奔若蹲, 若覯若倚, 世所傳嵩陽三十六峰者, 皆可以坐而數之. 因取其蒼翠叢列之狀, 遂以叢翠名其亭.)

　　[1] 岫(수): 동굴이 있는 산 또는 산봉우리
　　[2] 崒(줄): 崪(줄)이라고도 하며, 높고 험하다는 의미이다.
　　[3] 覯(투): 만나다

　　이 산문작품은 천체적인 구성으로 볼 때 아직 완전히 성숙하지는 않은 것으로 보인다. 그러나 숭산 남쪽의 여러 봉우리에 대한 묘사는 의인 수법을 사용하였다. 연상이 풍부하고 형상은 생동감이 넘친다. 글자 수가 많진 않지만, 총취정(叢翠亭)의 멋 떨어진 정취가 지면 위에 살아 움직이는 것 같다. 이것은 당시에 휩쓸던 "시문"은 따라갈래야 따라갈 수 없는 점이다.

　　재미있는 것은 이렇게 참신한 산문이 하필이면 전유연의 장수(將

帥) 막부에서 쓰여졌고, 새파랗게 젊은 고문 작가가 아이러니하게도 내로라하는 "시문" 작가의 수하에서 성장하였다는 점이다. 서곤파의 아름다운 깃발 아래에다 일군의 서곤체를 반대하는 사람들을 모은 셈이다. 아마 전유연 자신도 이 묘한 점을 이해할 수 없었으리라. 보아하니 문학상의 형식주의도 이미 날로 몰락해가고 있는 셈이다. 그러나 서곤체 시와 사륙(四六) 시문이 결코 문단에서 스스로 물러나지는 않을 것 같다. 구양수의 진보적인 문학 활동은 또한 험난한 여정을 가야 했다.

제4장 두 차례 사간(司諫)에게 올리는 편지를 쓰다

경우(景祐) 원년(1034) 5월에 구양수의 서경유수추관(西京留守推官) 임기를 다 채웠다. 두 달 후 그는 다시 개봉으로 갔고, 왕서(王曙)의 추천으로 학사원(學士院)의 심사를 거쳐 관각교감(館閣校勘)[1]으로 승진함으로써 문학 시종의 대열에 들어갔다. 구양수와 함께 관각교감이 된 사람으로는 당시 윤수와 채양(蔡襄: 1012-1067) 등이 있었다. 그들은 조정의 취지대로 삼관(三館)과 비각(秘閣)의 장서를 새로이 정리하고, 상세한 목록, 즉 《숭문총목(崇文總目)》[2]을 편찬하였다.

---

1) 館閣校勘(관각교감): 궁정의 도서를 대조 검토하는 문학시종관(文學侍從官)이다. 송초에는 사관(史館)·소문관(昭文館)·집현원(集賢院)으로써 삼관(三館)으로 하였으며, 태종(太宗) 때에는 또 비각(秘閣)을 설치하였는데, 모두 숭문원(崇文院) 안에 있는 것으로 황실의 도서를 보관하는 곳이다. 삼관비각(三館秘閣)에는 수찬(修撰)·직관각(直館閣)·교리(校理)·교감(校勘) 등의 직책을 설치하였고, 이를 관직(館職)이라 불렀다.

2) 《崇文總目(숭문총목)》: 송대 목록학 관련 저작이다. 책 전체는 66권으로 나뉘어져 있다.

구양수가 비각에서 근무하면서 고적을 탐독하고 있을 때, 인종(仁宗)은 황후를 폐(廢)하고 미인을 총애하기 위해 피곤할 정도로 난리법석을 떨고 있었다. 그런데 서부 지역의 하주(夏州: 지금의 陝西 橫山 서쪽)에서 원래 북송에 속해있던 당항(黨項)3) 귀족의 수령인 원호(元昊)4)가 슬그머니 반란을 일으켜 송나라 군대를 습격하였다. 이로부터 송나라와 하(夏)나라 간의 전쟁의 서막이 올랐다.

경주(慶州: 지금의 甘肅省 慶陽)에서의 전쟁에서 송나라 군대는 크게 패하였다. 게다가 해 이은 가뭄으로 재정과 물품이 바닥나 인종은 소주에서 봉직하던 범중엄(范仲淹)을 변량으로 전임(轉任)시켜 천장각대제(天章閣大制)5)로 승진시킬 수밖에 없었다. 이는 인사를 조정하여 어려운 국면에 대처하자는 것이다.

범중엄(989-1052)은 자가 희문(希文)이고, 소주 오현(蘇州吳縣: 지금의 江蘇省 蘇州) 사람이다. 구양수는 그가 "2살에 고아가 되었고"(二歲而孤.), "어려서부터 웅대한 뜻을 가지고 있어 부귀와 빈천, 비방과 칭찬, 기쁨과 슬픔에 조금도 마음을 움직이지 않았고, 감개하고 깊이 탄식하며 천하에 뜻을 두었다. 늘 혼자서 '천하 사람들이 근심하고

---

3) 고대 강족(羌族)의 한 부류로 북송 때 감숙(甘肅) · 섬서(陝西) · 내몽고(內蒙古) 일대에 서하(西夏)를 세웠다.[역자 주]
4) 元昊(원호): 하왕(夏王) 덕명(德明)의 아들이다. 본래는 척발씨(拓跋氏)였는데, 당 희종(僖宗) 때 이(李)씨 성을 하사받았고, 송대에는 조(趙)씨 성을 하사받았으며, 명도 원년(明道 元年: 1032)에 덕명이 죽자 원호는 송나라에 의해 서평왕(西平王) 으로 봉해졌다. 그러나 얼마 안 있어 연호를 고치고 송나라에 반기를 들어 독립, 국호를 대하(大夏)라 하였다.
5) 天章閣大制(천장각대제): 문학시종의 고문관(顧問官)으로 종 4품이다. 천장각(天章閣)은 인종(仁宗)이 진종(眞宗)의 문집을 보관하던 궁궐 안의 건물이다.

난 뒤에 근심하고, 천하 사람들이 즐거워하고 난 뒤에 즐거워한다.'
는 구절을 읊조렸다."(少有大節, 於富貴貧賤毁譽歡戚, 不一動其心,
而慨然有志於天下. 常自誦曰: '士當先天下之憂而憂, 後天下之樂而樂
也!')6)고 하였다. 어리석고 부패한 북송 통치 집단 내에서 그는 드물
게 깨어있는 인물이었다. 구양수 전기(前期)의 정치 활동과 문학 활
동은 모두 그와 밀접한 관계가 있다.

범중엄이 처음 좌천된 것은 그가 사간(司諫)7)을 맡고 있던 때였다.
그때 구양수는 아직 낙양에 있었다. 비록 일면식도 없었지만, 구양수
는 산문으로 <상범사간서(上范司諫書)>8)라는 편지 한 통을 썼다. 이
것은 열정적으로 면려하는 한 통의 개인 서신이라기보다는, 한편의
강직하게 권고하는 짤막한 "논"(論) 이라고 하는 것이 나을 것 같다.

> 사간은 칠품(七品) 벼슬에 불과하니 선생에게는 그 벼슬을 얻었다 해서
> 기뻐 할 것은 못 되겠지만, 유독 기쁘게 축하를 드리려고 하는 것은, 진실
> 로 간관(諫官)에게는 천하 정치의 잘잘못과 한 때의 공론(公論)이 매여 있
> 기 때문입니다. …… 간관의 지위는 비록 낮지만 그 역할은 재상과 서로
> 대등합니다. 천자가 '실행할 수 없다.'고 말해도 재상은 '실행해야 합니다.'
> 라고 말하고, 천자가 '옳다'고 해도 재상은 '옳지 않습니다.'라고 말하면서
> 조정에 앉아 천자와 가부(可否)를 논하는 것이 재상입니다. 천자가 '옳다'
> 고 해도 간관은 '잘못되었습니다.'라고 하고 천자가 '반드시 해야겠다.'고 하
> 더라도 간관은 '반드시 해서는 안 됩니다.'라고 하면서 궁전 계단 앞에 서

---

6) <資政殿學士戶部侍郎文正范公神道碑銘>, 《歐陽修詩文校箋・居士集》卷二十
7) 司諫(사간): 문하성(門下省)의 간관(諫官)은 정(正) 7품이다. 바르게 충고하고 슬며시
   돌려서 타이르는 일을 담당하는데, 조정의 정치・관리의 임명 및 삼성(三省)의 각 기
   관들을 비판하는 권한을 가지고 있다. 일반적으로 제수(除授)하는 경우가 아주 적다.
8) 《歐陽修詩文校箋・居士外集》卷十六

서 천자와 시비를 다투는 것이 간관입니다. …… 근래 선생께서 막 진주에서 소명을 받았을 때에 낙양의 사대부들은 서로 '나는 범(范)군을 알고 있고, 그의 재능도 잘 압니다. 그 분이 오신다면 어사 아니면 틀림없이 간관에 임명될 것입니다.'라는 말을 주고받았습니다. 임명이 되고 보니 과연 그러했는데, 또 그들은 서로 '나는 범군을 알고 있고 그의 현명함을 잘 압니다. 훗날 천자의 섬돌 아래 서서 곧은 말과 단정한 얼굴빛을 하고, 천자의 면전에서 조정의 일을 논쟁하는 사람이 있다면, 다른 사람이 아닌 틀림없이 범군이라는 것을 듣게 될 것입니다.'고들 말하였습니다. 벼슬에 임명하는 명을 받으신 이후로 목을 길게 뽑고 발돋움하고서 오랫동안 서서 들리는 말이 있을까 기대하였으나 끝내 없었습니다. 모름지기 미심쩍다 생각하였습니다. 어찌 낙양의 사대부들은 명을 받으시기 이전에는 제대로 헤아렸는데, 명을 받으신 이후는 제대로 헤아리지 못하였을까 하구요. 선생께서는 장차 기다리는 바가 있어서 그렇게 하시는 것입니까?

(司諫, 七品官爾, 於執事得之不爲喜, 而獨區區欲一賀者, 誠以諫官者, 天下之得失, 一時之公議系焉. …… 諫官雖卑, 與宰相等. 天子曰 '不可', 宰相曰 '可', 天子曰 '然', 宰相曰 '不然', 坐乎廟堂之上, 與天子相可否者, 宰相也. 天子曰 '是', 諫官曰 '非', 天子曰 '必行', 諫官曰 '必不可行', 立殿階之前與天子爭是非者, 諫官也. …… 近執事始被召于陳州, 洛之士大夫相與語曰 '我識範君, 知其材也. 其來不爲御史, 必爲諫官.' 及命下, 果然, 則又相與語曰 '我識範君, 知其賢也. 他日聞有立天子陛下, 直辭正色面爭庭論者, 非他人, 必範君也.' 拜命以來, 翹首企足, 佇乎有聞, 而卒未也, 竊惑之. 豈洛之士大夫能料于前而不能料後也, 將執事有待而爲也?)

    [1] 執事(집사): 옛날의 관례에 따르면 관리사회에서는 서신에서 상대방의 성명을 직접 부르지 않고 "집사"라는 말로써 대신한다. 일종의 존경의 의미가 담긴 호칭이기도 하다.
    [2] 廟堂(묘당): 종묘(宗廟)를 가리키는데 여기에서는 조정을 가리킨다.
    [3] 御史(어사): 송대에는 사실을 조사하고 살펴서 바로잡는 일을 책임

지는 조정의 관청을 어사대(御史臺)라고 하였고, 그 아래에다 찰원(察院)·전원(殿院)·대원(臺院)을 설치하였다. 이들 관원을 통틀어 어사라고 불렀다.

구양수는 간관의 직책을 강조하면서 범중엄이 조정에 진언하기를 요구하였는데, 이로운 사업은 일으키고 해로운 것은 제거하는 데 다소의 보탬이 되었다. 범중엄에 대한 그의 바람은 은근하면서 절박하여 당대 한유가 양성(陽城)9)을 비판한 일례를 끌어와 "기회를 봐서 간언한다."(待機進諫)는 전통적인 이론을 비판하였다.

저는 유독 그렇지 않다고 여기고 있습니다. 한유가 <쟁신론>을 쓸 때에는 양성이 간의대부가 된 지 이미 5년이나 되었고, 그 뒤 또 2년이 지나서야 비로소 육지의 일에 대해서 논쟁하고, 배연령이 재상이 되는 것을 막으며 그 임명장을 찢으려 하였는데, 겨우 이 두 가지 일 밖에 한 것이 없습니다. 당나라 덕종 때는 사건이 많은 시대였다고 할 수 있는데, 벼슬을 주고받는 일이 적절하지 않아 반란을 일으킨 장수와 강권을 휘두르는 신하들이 천하에 줄지어 있었고, 또 시기심이 많아 소인들을 임용하고 있었습니다. 바로 이러한 시기에 어찌 말할만한 일이 한 가지도 없어서 7년을 기다렸다는 말입니까? …… 생각컨대 마땅히 아침에 벼슬자리에 임명되었으면 저녁에는 상주(上奏)해야 한다고 생각합니다. 요행히도 양성은 간관이 된 지 7년 만에 마침 배연령과 육지의 일을 만나서 한 번 간하고 그만둠으로써 그의 책임을 면하였던 것입니다. 만약에 5년이나 6년에 끝내고, 맡았던 일이 바뀌었더라면, 그는 끝내 한 마디 말도 없이 떠났을 것이니, 취

---

9) 陽城(양성): 자는 항종(亢宗)이고 당 덕종 정원 4년에 간의대부(諫議大夫)가 되었지만, 간의대부가 된 5년 동안 당시의 정치에 대해 한 마디도 언급하지 않자, 한유가 <쟁신론(爭臣論)>을 써서 그를 풍자하였다. 7년 째 되던 해 육지(陸贄)와 배연령(裵延齡)에 관련된 두 가지 사건에 대해 언급하여서 이름을 날렸다.

할 바가 무엇입니까?

지금의 벼슬살이는 대략 3년 만에 한 번씩 옮겨지거나 1, 2년 만에 옮겨지기도 하며 심지어는 반년 만에 옮겨지기도 하니, 더욱이 7년을 기다릴 수가 없는 것입니다.…… 무명옷에 가죽 띠를 두른 선비가 초가집에서 궁색하게 살면서, 앉아서 글과 역사책이나 읽으며 임용되지 못함을 늘 원망하고 있습니다. 임용이 되고 나면 오히려 말하기를 '이것은 내게 맞는 직책이 아니니 감히 말하지 않겠다.'고 하거나, 어떤 이는 말하기를 '내 지위가 아직도 낮아서 말하지 못하겠다.'고 하다가 말을 할 수 있게 되면 또 말하기를 '나는 기다리는 것이 있다.'고 한다면, 끝내 한 사람도 말하지 않게 될 것이니 정말이지 안타깝지 않습니까?

(修獨以謂不然. 當退之作論時, 城爲諫議大夫10)已五年, 後又二年, 始庭論陸贄, 及沮裴延齡作相, 欲裂其麻, 才兩事爾. 當德宗時, 可謂多事矣, 授受失宜, 叛將强臣羅列天下, 又多猜忌, 進任小人. 於此之時, 豈無一事可言, 而須七年耶?…… 謂宜朝拜官而夕奏疏也. 幸而城爲諫官七年, 適遇延齡, 陸贄事, 一諫而罷, 以塞其責. 向使止五年六年, 而遂遷司業, 是終無一言而去也, 何所取哉!

今之居官者, 率三歲而一遷, 或一二歲, 甚者半歲而遷也, 此又非一可以待乎七年也…… 夫布衣韋帶之士, 窮居草茅, 坐誦書史, 常恨不見用. 及用也, 又曰 '彼非我職, 不敢言' ; 或曰 '我位猶卑, 不得言' ; 得言矣, 又曰 '我有待', 是終無一人言也, 可不惜哉!)

[1] 麻(마): 삼으로 만든 종이를 가리킨다. 당송대에 황제의 정령(政令)은 한림학사가 마지(麻紙)에다 썼다.

[2] 陸贄(육지): 자는 경여(敬輿)이고, 당나라 덕종(德宗)때 한림학사(翰林學士)를 지냈고, 후에 재상이 되었지만, 배연령에게 참소당해 충주별가(忠州別駕)로 좌천되었다.

[3] 司業(사업): 관명(官名)이다. 원래 고대에는 음악을 가르치는 관직

---

10) 諫議大夫(간의대부): 간관의 명칭. 송대에 문하성에 속한 간원(諫院)의 수장이나 당대(唐代)와 같이 사건에 대해 간언하는 일을 책임지지는 않았다.

으로 공경대부(公卿大夫)의 자제를 가르치는 직무를 겸하였고, 국자사업(國子司業)이라고도 불렀다. 수·당대에는 그 명칭을 연용하였으며, 국자감을 주관하는 관직, 즉 좨주(祭酒)가 부수적으로 겸임하는 직책으로 되었다.

이치에 맞고 근거가 있으며, 언사는 완곡하면서 취지가 올바른 이러한 의론문이 바로 한당(漢唐) 고문을 계승한 작품이다. 범중엄도 구양수 등의 두터운 바람을 겨버리지 않았는데, 그는 개인의 안위를 돌아보지 않고 직언으로 간언하다가 결국 인종에게 미움을 사서 목주(睦州: 지금의 浙江省 建德縣 梅城鎭)으로 좌천되었다가 다시 소주(蘇州)로 전보되었다.

범중엄이 소주에서 경성으로 전임되어 돌아 왔을 때, 구양수는 가정에 있어 불행을 당하고 있었다. 그의 첫 번째 부인인 서씨(胥氏)가 혼인 후 2년이 채 못되어 세상을 떠난 것이다. 이어서 후처를 맞았지만, 시집 온 지 겨우 1년이 된 후처 양씨(楊氏)씨와 그의 매부도 잇달아 병으로 세상을 떠났다. 그런데 경주 전쟁에서의 패배와 연이은 흉년은 그로 하여금 국가의 위험한 국면을 더욱 근심하게 하였다. 이때의 구양수는 이미 더 이상 관모(冠帽)를 거꾸로 쓰고 허리띠를 풀어 젖히고 즐기는 낙양재자(洛陽才子)가 아니었다. 그는 생활을 직시하고 정치에 관심을 가지기 시작하였다.

경우 3년(1036) 5월 북송 통치 집단내부에는 한차례 격렬한 투쟁이 전개되었다. 범중엄은 폐단을 뿌리 뽑기 위해서 인종에게 "백관도(百官圖)"를 올려, 많은 관리들의 승진과 좌천을 지적하여 어떤 경우가

공정한 발탁이고 어떤 경우가 재상이 자신의 사람을 끌어 쓰는 것인지에 대해 평하였다. 재상 여이간(呂夷簡)은 노발대발 하여 인종의 면전에서 범중엄을 비방하였다. 범중엄은 잇달아 4편의 논문을 써서 시대적 폐단을 지적하였고, 여이간은 범중엄을 월권하여 발언하고, "붕당"(朋黨)을 끌어와 천거하여 군신 사이를 이간질 한다고 참언하였다. 범중엄의 문장은 하나하나 따져가며 분석하였고, 언사는 갈수록 딱 들어맞게 써 내려갔다. 마침내 또 인종에게 미움을 사서 관직이 강등되는 처분을 받고 머나먼 요주(饒州: 지금의 江西省 波陽)로 귀양 보내졌다. 조정에서는 방을 붙여 백관들에게 월권하여 발언하지 말 것을 경고하였다. 여정(余靖: 1000-1064)이라는 사람은 이렇게 하는 것을 반대하는 상소문을 올렸다가 역시 방축되었다. 정직한 윤수는 아예 자신이 범중엄의 "붕당"이라고 자신을 일러 바쳤다가 강등 대기하게 되었는데, 마침내 여이간에 의해 관각(館閣)으로 쫓겨났다가 등주(鄧州: 지금의 湖北省 鍾祥)로 좌천되어 감주세(監酒稅)를 맡게 되었다.

이때 말을 해야 하고, 또 말을 할 수 있는 사람은 간관(諫官) 밖에 없었다. 그러나 당시에 사간(司諫)을 맡고 있던 고약눌(高若訥: 997-1055)은 범중엄의 결백함을 밝히려고 하기는 커녕 오히려 재상의 눈치만 살피다가 범중엄을 있는 힘 다해 비판하였다. 이러한 상황 아래에서 구양수는 "백관들은 월권하여 발언하지 말 것을 경고한"(戒百官越職言事) 조정의 조령(詔令)에도 아랑곳하지 않고 몇 날 밤을 새워 <여고사간서(與高司諫書)>[11]를 썼다. 이것이 사간에 관한 두 번

제4장 두 차례 사간(司諫)에게 올리는 편지를 쓰다 51

째 서신이자 구양수 생애 전반기의 중요한 작품이다.

...... 제 나이 열일곱 때 ...... 당신의 이름을 알게 되었습니다. 이때는 제 나이가 어려서 사람들과 접촉이 없었고, 또 먼 곳에 살아서 송사인 형제와 엽도경·정천후 등 몇 사람이 문학으로 이름이 크게 나 있다는 것을 들었을 뿐입니다. ...... 그러나 당신도 그 사이에 끼여 있었으나 유독 칭찬할 만큼 뛰어나다고 말할 수 있는 것은 없어 저는 어떤 사람일까 하고 당신을 참으로 의심하였습니다.
  그후 11년이 지나 저는 다시 경성에 왔는데, 사노가 당신은 '정직하고 학문이 높은 군자'라고 하였습니다. 저는 여전히 그것을 의심하였습니다. 무릇 정직한 사람이라면 원칙없이 굴복하지 않고, 학문이 높은 사람이라면 반드시 옳고 그름을 변별할 수 있을 텐데, 굽히지 않는 절개와 옳고 그름을 변별할 수 있는 현명함 때문에 간언하는 관리가 되었는데도 윗사람을 쳐다보며 말이 없고 뭇 사람들과 다르지 않으니 이런 사람은 과연 어진 사람입니까? 이것이 저로 하여금 의심하지 않을 수 없게 하는 것입니다. ...... 이것은 제가 당신의 이름을 듣고부터 알게 될 때까지 모두 14년이 되었는데, 세 번 의심을 한 까닭입니다. 지금 당신의 실제 행적을 미루어보고 평소의 말들을 비교해 보고서 당신은 군자가 아님을 확실하게 알았습니다.
(某年十七時, 家隨州, 見天聖二年進士及第榜, 始識足下姓名. 是時予年少, 未與人接, 又居遠方, 但聞今宋舍人兄弟與葉道卿, 鄭天休數人者, 以文學大有名. ...... 而足下廁其間, 獨無卓卓可道說者, 予固疑足下不知何如人也. ...... 其後更十一年, 予再至京師. ...... 師魯說足下正直有學問, 君子人也, 予猶疑之 夫正直者不可屈曲, 有學問者必能辨是非, 以不可屈之節, 有能辨是非之明, 又爲言事之官, 而俯仰默默, 無異衆人, 是果賢者耶? 此不得使予之不疑也. ...... 是予自聞足下之名及相識, 凡十有四年, 而三疑之. 今者, 推其實迹而較之, 然後決知足下非君子也.)

---

11) 《歐陽修詩文校箋·居士外集》卷十七

[1] 宋舍人兄弟(송사인형제): 송상(宋庠: 자는 公序)과 그의 동생 송기(宋祁: 자는 子京)를 가리킨다. 송상은 기거사인(起居舍人)으로서 구양수와 함께 기거주(起居注: 사관이 천자의 언행을 기록한 글)를 기록하는 일을 담당한 적이 있다.
[2] 鄭天休(정천휴): 이름은 전(戩)이다. 추밀부사(樞密副使)와 봉국군절도사(奉國軍節度使) 등을 지냈다.

구양수는 비록 마음속에 분노가 끓어올랐지만, 아주 먼 곳에서부터 부드럽고도 정중하게 말하였다. 그는 간관이 침묵하는 이유가 담이 작아서 일을 두려워하기 때문이라면 그것은 보통사람이 직위를 잃는 것과 마찬가지지만, 만약 음흉하고 위선적인 것이라면 정말이지 용서할 수 없는 죄악으로 여겼다.

무릇 사람의 품성에는 강직·과감·나약·온유함이 있는데, 이는 천성에서 바탕하므로 억지로 그렇게 할 수 없습니다. 비록 성인이라도 할 수 없는 것으로서 보통사람에게 반드시 그렇게 해야 한다고 요구해서는 안 됩니다. 지금 당신 집에는 노모가 계신데다 당신 자신이 관직에 애착을 가지고 있고, 추위와 굶주림을 두려워하고 봉록만을 생각하여 감히 한번이라도 재상의 마음을 거슬러 형벌을 받거나 화를 입으려고 하지 않습니다. 이것은 보통사람들의 일반적인 마음이니 간관을 맡을 재능이라고는 하나도 없는 사람이 간관을 맡고 있는 것에 불과할 따름입니다. 비록 조정의 군자들이라도 당신의 무능함을 가련히 여기어서 당신이 반드시 할 수 있어야 한다고 책망하지는 않습니다. 지금은 그러하지 않아 오히려 당신은 기세 넘치게 득의양양해하면서 아예 부끄러움이나 두려움 없이 이들 어진 사람들이 마땅히 쫓겨나야 한다고 비방하는데, 이것은 아마도 자신이 간언하지 않은 잘못을 덮으려고 하는 것인 듯 하군요. 무릇 힘이 있으면서 감히 하지 않는 것은 바로 어리석은 사람조차 미치지 못할 것이고, 지혜로써 그

잘못을 덮으려 하는 것은 군자 가운데 몹쓸 부류지요. …… 전날에 또 어
사대에서 조정에다 게시문을 붙여 백관들은 월권하여 일을 이야기하지 말
라고 경고하였다고 들었습니다. 이러한 것에 대해 말을 할 수 있는 사람은
오직 간관뿐입니다. 만약 당신께서 끝내 말을 하지 않는다면 천하에 말을
할 수 있는 사람은 없습니다. 당신이 그 자리에 있으면서 말을 하지 않는
다면 마땅히 곧바로 자리에서 떠나야 다른 사람이 그 직책을 맡는데 방해
가 되지 않는 것입니다.
(夫人之性, 剛果懦軟稟之于天, 不可勉强, 雖聖人亦不以不能責人之
必能. 今足下家有老母, 身惜官位, 懼飢寒而顧利祿, 不敢一忤宰相以近
刑禍, 此乃庸人之常情, 不過作一不才諫官爾. 雖朝廷君子, 亦將閔足下
之不能, 而不責以必能也. 今乃不然, 反昂然自得, 了無愧畏, 便毁其賢,
以爲當黜, 庶乎飾己不言之過. 夫力所不敢爲, 乃愚者之不逮；以智文其
過, 此君子之賊也. …… 前日又聞御史台榜朝堂, 戒百官不得越職言事, 是
可言者惟諫臣爾. 若足下又遂不言, 是天下無得言者也. 足下在其位而不言,
便當去之, 無妨他人之堪其任者也.)

　　[1] 御史台(어사대): 조정에서 사실을 조사하고 살피는 관청으로 늘 간
　　　 원(諫院)과 함께 언로(言路)를 제어한다.
　　[2] 榜朝堂(방조당): 조정에 포고문(布告文)을 붙이다.

　문장은 이에 이르러서야 비로소 급격히 전환되어 완곡하지 않고
곧바로 써 내려져가는데, 뛰어난 기상이 넘치고 날카로워 그 무엇도
당해내지 못한다.

　　어제 안도가 좌천되고 사노는 죄를 기다리는데도 당신은 오히려 낯을
　들고 사대부들을 보면서 조정을 드나들며 간관이네 할 수 있었으니, 이것
　은 그대가 인간 세상에 수치스러운 일이 있다는 것을 더 이상 알지 못하

는 것입니다. 안타까운 것은 조정에 일이 있는데도 간관은 진언하지 않고 다른 사람들이 그것을 말하게 하는 것입니다. 역사책에 기록되어 훗날 조정이 부끄러움을 당하게 하는 사람은 바로 당신입니다.
(昨日安道貶官, 師魯待罪, 足下猶能以面目見士大夫, 出入朝中稱諫官, 是足下不復知人間有羞恥事爾！所可惜者, 聖朝有事, 諫官不言, 而使他人言之, 書在史冊, 他日爲朝廷羞者, 足下也.)

[1] 安道(안도): 여정(余靖)의 자(字)

"인간 세상에 수치스러운 일이 있다는 것을 더 이상 알지 못한다."(不復知人間有羞恥事)는 말은 바로 구양수가 고약눌을 욕하기 시작하는 부분이다. 비난은 준엄하고 사정이 없고, 호통은 품위 있고 점잖다. 물론 구양수는 이 편지가 그에게 어떤 결과를 가져다 줄 지를 예상하고 있었기 때문에 태연자약하고 차분하게 말한다.

만약 희문이 어질지 않으니 마땅히 쫓겨나야한다고 말씀하신다면, 저도 오늘 말한 바가 이와 같으니 바로 이들 붕당의 한 사람입니다. 그러니 당신이 곧바로 이 편지를 들고 조정에 가서 나의 죄를 다스려 징벌하시면, 천하 사람들에게 범희문이 마땅히 추방되어야 한다는 것을 분명하게 알게 할 수 있을 터이니, 이것 또한 간관에게는 하나의 공적이지요.
(若猶以謂希文不賢而當逐, 則予今所言如此, 乃是朋邪之人爾, 願足下直携此書于朝, 使正予罪而誅之, 使天下皆釋然知希文之當逐, 亦諫臣之一效也.)

이것은 역대 의론산문 가운데 한 편의 소중한 풍자산문이다. 그것은 한 자루의 날카로운 칼을 들고서 통치자에게 아첨하고 알랑거리는 자의 껍데기를 벗기고, 두루 곱게 보이려고 간사하고 교활한 짓을 하는 무리의 가면을 찢어 놓는 것으로, 송대 직간(直諫)제도의 허위를 상당할 정도로 폭로하였다. 고약눌은 읽고 난 다음, 노발대발하여 정말로 이 편지를 인종(仁宗)에게 보여주면서 구양수가 천자를 공격하고, 뭇 사람들을 미혹되게 한다고 하면서 징벌해야 한다고 말하였다. 이리하여 구양수는 윤수를 송별한 바로 그 날 저녁에 조정에서 쫓겨나 이릉(夷陵: 지금의 호북성 宜昌)현령으로 좌천되었다. 채양은 분한 마음을 삭이지 못해 <사현일불초(四賢一不肖)>라는 시를 지어 범중엄·여정·윤수·구양수 이 네 사람을 칭찬하고, 고약눌을 세차게 나무랐다. 이 시는 경성의 인사들이 서로 다투어 전사(轉寫)하였고, 책장사도 중간에 끼어서 판매하여 많은 이득을 보았다. 이 시는 심지어 거란(契丹) 사신들도 구매하여 구양수의 <여고사간서>와 함께 유주(幽州: 지금의 北京)관 안에 붙여졌다.

  구양수는 처음으로 고문을 사용하여 정치 투쟁에 참가하였는데, 그도 이번 투쟁의 실패로 대가를 치르게 되었다. 수구파의 대리(臺吏: 御史臺의 관리)는 백방으로 그를 찾아와 윽박지르며 곧바로 경성을 떠나라고 명하였다. 그는 노모와 남편을 사별한 누이동생을 데리고 황급히 배를 타고서 동수문(東水門)을 나와 떠났다. 그들은 하마터면 변하(汴河)의 격류 속에서 빠져 죽을 뻔하였다. 그러나 후안무치한 고약눌은 아무 일도 없이 편안하였을 뿐 아니라, 관운(官運)이 형통하여 아주 빨리 재상에 올랐다.

제5장 이릉(夷陵)으로 첫 번째 좌천되다

  변량에서 이릉까지는 육로로 1천 6백리이다. 구양수는 수로로 갔으니, 크게 돌아가야 했다. 그는 한여름에 출발하여 초겨울에 도착하였다. 5개월 동안의 노정이 6천 여 리였다.
  이릉은 하급 현(縣)의 조그마한 읍(邑)에 속하고 배산임수(背山臨水)의 지형이며, 지역이 편벽지고 가난하여, 낙양과 개봉의 번화함과 비교하면 거리가 너무나도 멀었다. 구양수는 임지에 도착한 다음, 곧바로 각종 공무를 직접 처리하기 시작하였다. 그는 서가에 꽂힌 해묵은 문서를 뒤적거리고 살피다가 바른 것을 왜곡되게 하고 앞뒤가 서로 맞지 않는 것이 헤아릴 수 없을 만큼 많고, 법을 어기고 정에 얽매여 처리하였다거나, 가족을 몰살시키고 의로운 사람을 해롭게 한 일 등 온갖 억울한 사례들을 발견하였다. 그는 하늘을 바라보며 탄식하며 멀리 구석진 곳에 있는 한 조그마한 읍에도 이렇게 많은 억울한 일이 터져 넘치는데, 온 천하에는 어떨지 미루어 알 수 있겠구나 라고 하였다.

현(縣)의 관사 서쪽에 배우기를 즐겨하는 처사(處士) 하삼(何參)이 살았다. 구양수는 자주 그에게 가서 전해져 내려오는 삼국시대(三國時代) 이야기를 묻곤 하였다.

쓸쓸히 닭소리 개소리는 산 속에 어지러이 들리고
시절은 흘러가 이미 한 해가 저물었네.
놀고 있는 여인네 묶은 머리 풍속이 예스럽고
들에서는 무당의 가무가 해마다 풍년이 되길 비네.
평화로울 때의 도읍지가 지금은 이리도 궁벽해졌지만
적국의 강산이 옛날엔 제일 웅장했었지.
초나라 선현들의 훌륭한 자취 많은데
술 들고 이웃 노인에게 물으니 마다하지 않네.

蕭條鷄犬亂山中　時節崢嶸忽已窮
遊女髻鬟風俗古　野巫歌舞歲年豐
平時都邑今爲陋　敵國江山昔最雄
荊楚先賢多勝迹　不辭携酒問鄰翁[1)]

[1] 遊女髻鬟風俗古, 野巫歌舞歲年豐(유녀계환풍속고, 야무가무세년풍): 당시 이릉에는 세모(歲暮)에 귀신에게 제사지내는 풍습이 있었다. 남녀 수 백 명이 서로 어우러져 즐겁게 술을 마시면서, 부녀자들은 옛날 복장 입는 시합을 하면서 즐겁게 놀고, 무당은 춤추고 노래 부르면서 해마다 풍성한 수확이 있기를 빌었다.
[2] 敵國江山昔最雄(적국강산석최웅): 삼국시대에 이릉(夷陵)은 오(吳)나라와 촉(蜀)나라의 경계지역으로 전략적 요충지였다.
[3] 荊楚(형초): 형(荊)은 초(楚)나라의 다른 이름으로, 형초는 바로 초

---

1) <夷陵歲暮書事呈元珍表臣>, 《歐陽修詩文校箋・居士集》 卷十一

나라를 가킨다. 이릉은 춘추시대 초나라 선왕(先王)들의 분묘 이름
인데, 진(秦)나라의 백기(白起)에게 불살라졌고, 훗날에는 초나라 현
(縣)의 이름이 되었다.
[4] 鄰翁(인옹): 현의 관사 서쪽에 사는 하삼(何參)을 가리킨다.

  이릉은 경성에서 멀리 떨어져 있고 구석진 곳이라 일반 관료들은 대부분 이곳에 와서 관직생활을 하려고 하지 않았다. 그래서 이곳의 현령도 후임을 구하기가 쉽지 않았다. 구양수는 이에 대해 전혀 개의치 않았고, 오히려 이곳의 산수가 유달리 아름답다고 생각하였다. 마치 좌천되어 귀양 갔을 때 상심해하는 전통적인 정서에 도전이라도 하려는 듯이, 그는 자신의 관사 동청(東廳)에다 "지희당"(至喜堂)이라 이름 붙이고, <이릉현지희당기(夷陵縣至喜堂記)>를 지었다. 또 다른 한 편인 <협주지희당기(峽州至喜堂記)>2)는 부근에 있는 장강(長江) 물결의 거칠고 평온한 흐름의 변화를 기술하기도 하였다.

  민강은 흘러와 촉 땅에서 여러 지류와 만나서, 삼협을 빠져나와 형강을 이루는데, 기울어지고 꺾이고 돌아가다가 바로가고, 성난 듯한 물결을 막으니 세찬 물결이 싸우다가, 한데 합쳐져 소용돌이를 이루니, 이에 쓸려 들어가면 빙빙 돈다. 물결을 따라 내려가는 배는 순식간에 수 백리를 가지만, 돌아볼 틈도 없는데다 한번이라도 조금 실수하여 절벽이나 바위에 부딪히면, 산산이 부서져서 쪼개져 떠다니다가 물에 잠기어 자취도 보이지 않게 된다. 그래서 무릇 촉 땅은 황궁의 창고로 충당될 수 있어 도성에 공급하고 각 주에 운반해야 하는 것은 육지로 내려놓을 수 있다. 그 가운데 남아서 급하지 않은 물건은 강에다 내려놓는데, 만약 그것들을 버리지 않으면,

---

2) <峽州至喜堂記>, 《歐陽修詩文校箋·居士集》 卷三十九

이렇듯 헤아릴 수 없을 만큼 위험해진다. 이릉은 주로서 삼협의 입구에 있는데, 장강이 삼협에서 나오면 비로소 흐름이 완만해져 평평한 흐름이 된다. 그래서 배를 몰고 이곳에 오는 사람은 반드시 술을 따르며 서로 기쁨을 나눈다.
(岷江之來, 合蜀衆水, 出三峽爲荊江, 傾折回直, 捍怒鬪激, 束之爲湍, 觸之爲旋. 順流之舟, 頃刻數百里, 不及顧視, 一失毫釐與崖石遇, 則糜潰漂沒不見踪迹. 故凡蜀之可以充內府, 供京師而移用乎諸州者, 皆陸出. 而其羨余不急之物, 乃下於江, 若棄之然, 其爲險且不測如此. 夷爲州, 當峽口, 江出峽始漫爲平流. 故舟人至此者, 必瀝酒再拜相賀, 以爲更生.)

삼협(三峽)에서 출발하여 방향을 바꿔 이릉에 이르기 까지는 물결이 넓게 펼쳐져서 평평하고 느리지만, 강가의 산세는 여전히 아주 험준하다. 배에서 깎아지른 듯 가파른 곳의 산 가장자리를 향해 바라보면, 군데군데 푸르고 무성하게 자란 황양목(黃楊木)을 볼 수 있다. 얼마나 오랫동안 이 평범한 상록 관목이 문인과 묵객에게 사랑을 받지도 못하고, 나무꾼과 시골 늙은이에게 동정을 받지도 못하였던가! 그들은 말없이 궁벽한 산과 계곡 사이에서 자라고, 깎아지른 듯한 절벽 위에서 버티고 서서 있었으니 얼마나 소박하면서 굳세고 강인한가! 구양수는 그들을 위해 소리 높여 찬가를 부른다.

푸른 이끼, 푸르른 절벽, 나뭇가지는 울창하게 우거져 안개를 머금고, 뿌리는 구부정하게 바위에 붙어 있는데, 소나무 같이 쭉쭉 뻗은 것이 아니라, 잣나무 같이 구부정하다. 위로는 천 길이나 되는 돌기둥에 닿아있고, 아래에는 세찬 소용돌이의 휘감아 도는 물결이 있네. 시냇물은 끊기고 길조차 없는데, 높은 숲엔 어둠이 깔리네. 험하고 험한 곳에 의지하여, 사람

의 자취 없는 곳에 홀로 서 있구나. 강을 이미 돌아서도 여전히 보이더니
만, 봉우리를 차츰 돌아서니 조금씩 멀어지누나. 아아! 햇빛 엷어지니 구름
어둑어둑하게 깔리고, 안개 자욱하더니 이슬방울이 맺힌다. 굳은 절개 지녔
지만, 이 누가 살펴 주리며, 고독한 마음을 가졌지만, 그 누가 알아 주리
요? 담에 난 구멍으로 바람 불어 들어오고 그늘진 벼랑엔 눈이 쌓이는데,
우는 산새는 짹짹거리고 놀란 원숭이 소리는 길고 서글프네. 길게 붙잡고
오르며 노는 여인네는 없지만, 잠시 쉬는 행인은 있네. 절기 이미 늦었어
도 더욱더 무성하고, 날이 이미 차가워도 절개를 바꾸지 않네.
(豈知綠蘚靑苔, 蒼崖翠壁, 枝翁鬱以含霧, 根屈盤而帶石, 落落非
松, 亭亭似柏. 上臨千仞之盤薄, 下有驚湍之潰激. 澗斷無路, 林高暝
色, 偏依最險之處, 獨立無人之迹. 江已轉而猶見, 峰漸回而稍隔. 嗟
乎！日薄雲昏, 烟霏露滴. 負勁節以誰賞, 抱孤心而誰識？徒以竇穴風
吹, 陰崖雪積, 哢山鳥之嘲哳, 曡驚猿之寂曆. 無遊女兮長攀, 有行人
兮暫息. 節旣晩而愈茂, 歲已寒而不易.)3)

[1] 竇(두): 벽이나 담을 뚫어 만든 출입구
[2] 哢(롱): 새가 울다.
[3] 嘲哳(조찰): 새 우는 소리
[4] 寂曆(적력): 쓸쓸하고 적막하다.

부(賦)는 시의 변체(變體)이다. 그 때까지는 부가 모두 변려(騈儷)에
공을 들이고, 대장(對仗)이 엄격한 체재였다. 이 <황양수자부(黃楊樹
子賦)>는 예술 풍격에 있어 약간 무거운 면이 보인다. 그러나 이 작
품의 사상과 의경(意境)에 있어서는 오히려 보통 오동나무와 소나
무・잣나무를 찬미하는 것과는 다른 독특한 점이 있다. 구양수는
"굳이 가장 험준한 곳에 의지하여 사람의 발자취가 없는 곳에서 홀

---

3) <黃楊樹子賦>, 《歐陽修詩文校箋・居士集》卷十五

로 서 있는"(偏倚最險之處, 獨立無人之迹) "외로운 심정"(孤心)과 "굳은 절조"(勁節)를 노래하고, 절기가 늦으면 늦을수록 가지와 잎이 더욱 더 무성해져, 한 해가 끝나고 날씨가 추워져도 여전히 잎이 떨어지거나 시들지 않는 평범한 가운데 속되지 않는 점을 노래하였다. 이러한 견해와 감정은 분명히 그의 개인적 처지와 관련이 있다.

경우 4년(1037) 구양수의 나이는 서른 한 살 이었다. 음력 2월에 허주(許州: 지금의 하남성 許昌)에서 관직을 하던 시우(詩友) 사백초(謝伯初: 자는 景山)가 옛날 기와로 만든 벼루 하나를 그에게 선물로 보내오면서 시와 문장을 부쳐왔다. 그는 칠언의 장편 시 <답사경산유고와연가(答謝景山遺古瓦硯歌)>와 <춘일서호기사법조가(春日西湖寄謝法曹歌)> 등을 썼다. 또 다른 한 평민 수재(秀才)인 전화(田畵: 자는 文初)가 형남(荊南)에서 만주(萬州: 지금의 사천성 萬縣)로 가는 길에 이릉을 지나가게 되자 구양수는 <대증전문초(代贈田文初)>4) 시를 써주었다.

  …… 전략 ……
  서릉의 장관은 머리가 이미 희끗희끗 한데
  초췌하고 곤궁으로 쌓인 근심으로 서로 만나는 것이 부끄럽구나.
  손에 옥 술잔 들고서 <양춘> 노래를 부르나니
  강위엔 매화꽃이 쌓일 만큼 떨어졌네.
  나루터 정자에서 그대 보내며 슬퍼하지 않았는데
  꿈속에서 술을 깨니 이제야 그리워지네.
  알아야 하리 무협에서는 원숭이의 처량한 소리 들릴 테니

---

4) <代贈田文初>, 《歐陽修詩文校箋・居士外集》 卷二

진강에서 밤에 눈 내릴 때와는 다르다는 것을.

…… 前略 ……
西陵長官頭已白　憔悴窮愁愧相識
手持玉斝唱陽春　江上梅花落如積
津亭送別君未悲　夢闌酒解始相思
須知巫峽聞猿處　不似荊江夜雪時

[1] 西陵長官(서릉장관): 이릉 현령인 구양수 자신을 가리킨다. [역자 주]
[2] 玉斝(옥가): 옥으로 만든 술잔. [역자 주]
[3] 津亭(진정): 나루터 옆에 있는 조그마한 정자
[4] 巫峽(무협): 사천성 무산현(四川省巫山縣)과 호북성 파동현(湖北省巴東縣) 사이에 있는 길이 42킬로미터의 협곡이다. [역자 주]
[5] 陽春(양춘): 옛 노래의 곡명. 송옥의 <대초왕문(對楚王問)>에 "한 나그네가 성내에서 노래를 불렀다. 처음에 부른 것은 <하리(下里)>와 <파인(巴人)>이라는 노래였는데, 나라 안에는 그를 따라 노래 부르는 사람이 수천 명에 이르렀다. 그는 <양아(陽阿)>와 <해로(薤露)>라는 노래를 부르자 따라 부를 수 있는 사람이 수백 명에 지나지 않았고, 그가 <양춘(陽春)>과 <백설(白雪)>이라는 노래를 부르자 노래를 따라 부를 수 있는 사람은 겨우 수십 명에 지나지 않았다. …… 이로써 노래가 품격이 높으면 높을수록 함께 어울릴 수 있는 사람이 적게 마련이다."고 하였다. (客有歌於郢中者, 其始曰下里巴人, 國中屬而和者數千人; 其爲陽阿薤露, 國中屬而和者數百人; 其爲陽春白雪, 國中屬而和者不過數十人. …… 以是其曲彌高, 其和彌寡.

이외에도 그는 때로는 홀로, 때로는 정보신(丁寶臣)과 함께 애동(崖

洞)・뇌계(牢溪)・하마배(蝦蟆碚)・황우협(黃牛峽) 등을 유람하면서 <이릉구영(夷陵九咏)>을 썼다. 그 가운데 두 수를 살펴보자.

    외로운 배 산굽이 도니
    시원스럽게 평평히 흐르는 시내가 보이네.
    나뭇가지에 걸린 돛이 처음 내려 올 때
    산봉우리에 걸린 달은 참으로 둥그네.
    흐릿한 연기에 싸인 몇 집이 한 데 모여 있고
    조그마한 들엔 칼 같이 좁다란 농토가 있구나.
    길가는 나그네는 아침 출발 걱정하고
    놀란 모래밭의 새들은 앞으로 쫓아가네.

    孤舟轉山曲, 豁爾見平川.
    樹杪帆初落, 峰頭月正圓.
    荒烟幾家聚, 瘦野一刀田.
    行客愁明發, 驚灘鳥道前.5)

[1] 孤舟(고주): 홀로 떠가는 외로운 배[역자 주]
[2] 樹杪(수초): 나무의 가는 가지인데 여기에서는 나뭇가지라는 의미이다.
[2] 一刀田(일도전): 토지가 작고 좁을 것을 형용한다.[역자 주]
[3] 明發(명발): 아침에 출발하다.[역자 주]

    초나라 사람은 옛부터 높은 곳에 오르거나 물 가까이 가면 한을 노래하였으니
    막 근심이 생기면 간장은 이미 아홉 번이나 끊기네.
    온갖 나무와 파리한 안개에 삼협은 어둑어둑하고

---

5) <勞停驛>, 《歐陽修詩文校箋・居士集》卷十

시냇물에 가득 찬 밝은 달 아래에서 원숭이 한 마리 슬피 우네.
하물며 타향에서 얼마 남지 않은 한 해에 다시 놀라니
손님을 위로 하려고 기어이 술잔을 들라고 하는구나.
가다가 강산을 보면서 시를 읊노니
귀양살이 때문 아니면 어찌 올 수 있을까?

楚人自古登臨恨　　暫到愁腸已九回
萬樹蒼烟三峽暗　　滿川明月一猿哀
非鄕況復驚殘歲　　慰客偏宜把酒杯
行見江山且吟咏　　不因遷謫豈能來 6)

　　그는 소박하고 매끄러운 언어로 강산의 수려함을 노래하기도 하였다. "이릉 사람들은 근심을 하게 되면, 모두들 귀양살이 하는 사람에게 유람하러 다니지 말라 한다 하네. 며칠 동안 험하게 산을 걸어 피곤한데도, 언덕위에서 협주를 보니 오히려 기쁘네."(聞說夷陵人爲愁, 共言遷客7)不堪遊. 崎嶇8)幾日山行倦, 却喜坡頭見峽州.)9), "눈 녹은 문 밖엔 온 산이 푸르고, 꽃이 만발한 강가엔 2월 하늘이 맑게 개었네."(雪消門外千山綠, 花發江邊二月晴.)10) 물론 이릉을 유람하는 것은 아무래도 용문과 숭산을 유람하는 것과는 다르다. 그의 시가도 슬프고 원망 섞인 소리를 띠지 않을 수 없었다. "강물은 푸른 산 아래로 흘러가고, 원숭이 소리는 푸른 하늘에서 울러 퍼지네. …… 현

---

6) <黃溪夜泊>, 《歐陽修詩文校箋·居士集》卷十
7) 遷客(천객): 귀양살이 하는 사람을 말한다.
8) 崎嶇(기구): 산이 가파르고 험하다.
9) <望州坡>, 《歐陽修詩文校箋·居士集》卷十
10) <春日西湖寄謝法曹歌>, 《歐陽修詩文校箋·居士外集》卷二

의 누각에서 아침에 호랑이를 보고, 관사에서는 밤에 부엉이 소리 듣는다네."(江水流靑嶂, 猿聲在碧宵. …… 縣樓朝見虎, 官舍夜聞鴞.)11)
"푸른 산에 올라 사방을 돌아보니 이리저리 어지러이 끝이 없는데, 닭소리·개소리 쓸쓸이 터져 나오는 수백 집이 보이네. …… 성을 둘러싼 장강은 물살 세어 배 정박하기 어렵고, 고을을 마주한 산은 높디높아 해가 쉬 저무네. …… 산천만은 경치가 절경을 이루니, 그림 그려 자랑하려 그대에게 부치려 하네."(靑山四顧亂無涯, 鷄犬蕭條數百家. …… 繞城江急舟難泊, 當縣山高日易斜. …… 惟有山川爲勝絶, 寄人堪作畵圖誇.)12)

그러나 그는 귀양지에서 감상적인 작품을 많이 쓰고 싶지 않았기 때문에 이 시기에 쓴 시 가운데에는 여전히 낙관적인 분위기가 흘러넘치는 작품이 많다.

봄바람이 하늘 끝 이릉 땅엔 오지 않는 게 아닌가 하였더니
이월의 산성에 과연 아직 꽃이 보이지 않네.
남은 눈에 눌린 가지에는 아직 귤이 달려 있고
차가운 우레 소리에 놀라 죽순이 돋으려 하네.
밤 되어 북쪽으로 돌아가는 기러기 소리는 고향생각 일으키고
병들어 새해가 되니 사물이 화려했던 때 생각나도다.
일찍이 낙양성의 꽃 아래서 노닐어 본 나그네이니
들꽃 늦게 핀다 한들 탄식할 필요 없다네.

春風疑不到天涯　　　二月山城未見花

---

11) <初至夷陵答蘇子美見寄>, 《歐陽修詩文校箋·居士集》卷十一
12) <寄梅聖兪>, 《歐陽修詩文校箋·居士集》卷十一

殘雪壓枝猶有橘　　凍雷驚筍欲抽芽
夜聞歸雁生鄉思　　病入新年感物華
曾是洛陽花下客　　野芳雖晚不須嗟13)

이것은 구양수 자신이 자신만만해 하는 7언 율시(律詩)인데, 구양수 시의 풍격을 대표한다. 수연(首聯)에서는 심정과 상황을 교묘하게 결합하였다. 함연(頷聯)의 "잔설"(殘雪)과 "동뢰"(凍雷)는 으슬으슬한 봄추위를 두드러지게 하였다. 경연(頸聯)에서는 병환 중에 고향을 떠나 살아갈 곳을 찾는 감개가 흘러넘친다. 그러나 시인은 결코 비관하지 않기 때문에 시의 말미에서 정보신에게, 또 자신에게도 우리 모두 비단 같이 아름다운 꽃들이 핀 서경 낙양에서 객으로 있으면서, 설령 눈앞에 있는 이 꽃들이 조금 늦게 피었어도 탄식할 필요가 없지 않았던가 라고 느긋하게 말하였다. 그는 더욱이 다른 한 편의 시에서 서릉(西陵)의 강어귀의 매화가 이미 활짝 피었으니, 봄바람은 지역적 한계가 없다고 말하였다. 그는 길가는 여행객에게 술을 권하면서, 배 머문 곳에서 함께 봄 경치를 감상하자고 청하였다.

　　서릉의 강어귀에서 추위에 핀 매화 꺾으면서
　　지나가는 사람들에게 다투듯 술 한 잔 권해 본다.
　　봄바람은 멀고 가깝고 하는 것이 없다는 것을 믿어야 하나니
　　배를 묶어 놓은 곳곳에 꽃들이 활짝 피어 있구나.

　　西陵江口折寒梅　　爭勸行人把一杯

---

13) <戲答元珍>, 《歐陽修詩文校箋·居士集》卷十一

須信春風無遠近　　　維舟處處有花開14)

[1] 維(유): 묶다. 연결하다의 의미

  구양수의 이들 시에 반영된 정신상태는 폄적 생활을 하는 봉건 문인들 사이에서는 일반적으로 아주 보기 드문 것이라 할 수 있다. 바로 이렇듯 완강한 의지와 굽히지 않는 성격 때문에 그는 정말이지 힘든 역경 속에서도 단련할 수 있었고, 하층 백성들에게 다가간 생활을 통해서는 계발(啓發)을 얻을 수 있었다. 이러한 것들은 훗날의 문학 창작을 위한 훌륭한 토대를 다져 놓았다. 그래서 청대 시인 원매가 한림(翰林)으로서 강남지역으로 전보되었을 때, 그의 친구가 구양수의 사적을 끌어와 위로하여 "구양수의 사업은 여릉에서 시작되었으니, 안목은 본디 살펴보고 겪어 본 데에서부터 넓어진다네."(廬陵事業起夷陵, 眼界原從閱歷增.)15)라고 하였다.

---

14) <戱贈丁判官>, 《歐陽修詩文校箋·居士集》卷十一
15) 《隨園詩話》卷一

제6장 건덕(乾德)에서 활주(滑州)로

경우 4년(1037) 3월에 구양수는 휴가를 내고 허주로 부인 설씨(薛氏)를 맞으러 갔다. 얼마 안 있어 숙부가 세상을 떠났다는 소식을 접하고는 곧바로 수주로 달려갔다. 이릉에 다시 돌아 온 다음, 곧바로 한수(漢水) 상류에 있는 건덕(乾德: 지금의 湖北省 光化) 현령으로 이임(移任) 되었다. 이어서 또 진남군(鎭南軍)이 소재하고 있는 활주(滑州: 지금의 하남성 滑縣) 판관(判官)으로 옮겨 갔다.

구양수가 건덕에 있을 때 매요신에게 시를 보낸 적이 있는데, 그는 시에서 "요즘에 들어와 외로워서 서쪽 언덕 입구를 바라보니, 가을이 저물어 동쪽 울타리엔 꽃이 보이지 않네."(今來寂寞西崗口, 秋盡不見東籬花.)라고 하여 정신적으로 여전히 고독하고 적막한 상태에 처해 있음을 말하였다. 이 때 마침 매요신이 과거에 두 번째 응시하였다가 낙방하고 양성현(襄城縣: 지금의 호북성 襄樊) 지현(知縣)으로 임명하는 것을 받아들여서 사강(謝絳)과 함께 동행이 되어 남쪽으로 가다가 융중(隆中)에 도착하였다. 건덕에서 융중은 불과 백 여리

밖에 되지 않아, 매요신이 구양수를 초청하니 구양수는 매요신을 만나러 갔다. 구양수는 뜻밖의 소식에 곧장 수레를 몰아 달려갔다. 이렇게 하여 세 사람은 융중과 건덕 사이에 있는 청풍진(淸風鎭)에서 또 다시 만나게 되었다.

사강은 이 때 이미 자복(紫服: 고관의 朝服)에다 금어대(金魚帶: 어대(魚袋)의 일종으로, 금으로 장식. 금어부(金魚符)를 담아두는 데에 쓰임.)를 찬 고관이었지만, 구양수와 매요신 두 사람은 초라하기 그지없었다. 그런데 유사한 역경은 구양수와 매요신 사이의 관계를 5,6년 전보다 더욱 더 친밀하게 하였다. 그들은 함께 체험하고 느낀 바를 늘 교류하였고 새로운 작품에 대해 품평하였다. 매요신은 <송영숙귀건덕(送永叔歸乾德)>[1] 이라는 시를 쓴 적이 있다.

> 도연명의 절조는 본디 높아서
> 관리에게 허리 굽히지 않았지.
> 말술을 마시고 옛 사람 따라서
> 대나무 가마타고 벼슬아치 깔보았지.
> 여유롭게 날마다 먼 하늘 바라보며
> 속 시원히 모든 것을 던져버린다.
> 술자리 끝이 나고 돌아가자고 하지만
> 가슴속은 오히려 답답할 뿐이네.

> 淵明節本高　曾不爲吏屈
> 斗酒從故人　籃輿傲華紱
> 悠然日遠空　曠爾遺群物

---

1) 《宛陵集》卷六

飲罷卽言歸　胸中寧鬱鬱

[1] 籃輿(남여): 대나무로 만든 가마. 도연명은 자신이 타는 수레를 "籃輿"불렀고, 자신의 문하생과 두 아들이 메고 다니게 하였으며, 웃으며 이야기하면서 편안해 하였고, 고관들이 타는 화려한 수레를 부러워하지 않았다.
[2] 華紱(화불): 인장(印章)을 매는 끈인데, 여기에서는 관작(官爵)을 가리킨다.

여기에서는 다섯 말의 쌀 때문에 비굴하게 허리를 굽히지 않았던 도연명의 절조와 안빈자적(安貧自適)하는 도량 그리고 넓은 흉금(胸襟)을 찬미하면서 이를 빌어 구양수의 강직한 성격과 시원시원한 기질을 높이 평가하였는데, 이는 칭찬이기도하고 격려이기도 하다.

이릉에서부터 활주에 이르는 이 시기에 구양수는 문학창작에 있어서 커다란 발전이 있었을 뿐만 아니라, 예술 감별 능력과 문학이론에 있어서도 새로운 단계로 접어들었다. 특히, 매요신의 시가에 대해서 그는 이미 더 이상 단순하게 "인정에 바탕하고, 풍물을 묘사한" (本人情, 狀風物) 기교를 감상하지 않고, 고시(古詩)의 전통을 발양하면서 형성된 매요신 시(詩)의 독특한 풍격에 주의를 기울임과 아울러 이런 독특한 풍격으로 인하여 매요신에게 허심탄회하게 가르침을 청하였다.

　　…… 전략 ……
　아! 내 어찌 감히 그대를 안다고 하리마는
　시를 논하면서 처음에는 분명하지 않다고 그대를 지적하였지.

그대는 예스럽고 담백함에 참다운 맛이 있는데
대갱에다 무엇 하러 양념을 넣어 맛을 조절할 필요 있겠는가 하였었지.
내가 애써 억지로 배우려고 하는 것을 가련해 하며
뒤뚱거리며 가는 자라는 더러운 흙 떠나 본 적 없다 하였지.
그대는 처음에 어찌 이러한 경지에 이르렀는가하고 물었더니
차근차근 단계를 밟지 않고 어찌 곧바로 이곳에 이르렀겠는가 하면서
스스로 애쓰고 고생하여 얻는 것이 있다면
신령스런 무소뿔 구하려 바다 속으로 들어가는 걸 마다 하리오라고 했었지.
…… 중략 ……
어떤 때는 재주를 헤아리지도 않고 이기려고만 하였는데
이것이 어찌 약한 노나라가 강한 제나라를 공격하는 것과 다르겠소?
…… 후략 ……

…… 前略 ……
嗟哉我豈敢知子　　　論詩賴子初指迷
子言古淡有眞味　　　大羹豈須調以虀
憐我區區欲强學　　　跛鼈曾不離污泥
問子初何得臻此　　　豈能直到無階梯
如其所得自勤苦　　　何憚入海求靈犀
…… 中略 ……
有時爭勝不量力　　　何異弱魯攻强齊[2)]
…… 後略 ……

[1] 大羹(대갱): 제사에 쓰던 고깃국으로 소나 돼지, 양 따위의 고기를 삶아 만드는데, 소금이나 양념을 전혀 하지 않았다.
[2] 跛(파): 절름발이. 뒤뚱거리다.

---

2) <再和聖兪見答>, 《歐陽修詩文校箋·居士集》卷五

함의가 깊고 언어가 맑고 산뜻한 매요신의 시풍은 서곤파의 형식주의를 바로 잡았을 뿐만 아니라 심지어 문장으로써 시를 쓰고 험괴(險怪)함을 추구한 한유 시의 문제점을 바로 잡기까지 하였다. 구양수는 좌절을 겪은 다음, 마침내 매요신 시의 이러한 특색이 참으로 소중한 것임을 깨닫게 되었다. 이것은 구양수가 한유와는 구별되는 산문 풍격을 형성하는 데 커다란 영향을 미쳤다.

문학이론에 있어 구양수는 한유의 주장과 일치한다. 그는 작품의 사상내용을 "도"(道)라고 칭하였고, 예술형식을 "문"(文)이라고 하였다. 내용과 형식의 관계에 관한 문제에 있어서 그는 자신이 길을 돌아왔다고 여겨 "나는 도를 늦게 알게 되었습니다. 서른 살 전에는 문장이 화려한 것을 좋아하였고, 술 마시고 노래 부르며 고함지르기를 즐기면서 그러한 것이 즐거운 것이라 여겼지만, 그것이 잘못된 것임을 알지 못하였습니다."(僕知道晚. 三十年前, 尙好文華, 嗜酒歌呼, 知以爲樂, 而不知其非也.)3)라고 하였다. 그는 당초에 예술 형식에는 치중하였으나 사상내용은 소홀히 하였는데, 이것은 잘못된 것이다. 강정 원년 그는 <답오충수재서(答吳充秀才書)>4)에서 현실을 벗어난 경향을 더욱 명확하게 반대하였다.

    문장을 짓는 것에 대해 말하자면, 읽는 이가 기쁠 수 있게 다듬기는 어렵지만, 즐거워하면서 스스로 만족하기는 쉽습니다. 세상의 학자는 종종 기분에 빠져 하나라도 교묘한 것이 있으면 '나의 학문은 충분하다.'고 말하고,

---

3) <答孫正之第二書>, 《歐陽修詩文校箋·居士外集》卷十八
4) 《歐陽修詩文校箋·居士集》卷四十七

심한 사람은 모든 일을 팽개쳐 마음에 두지 않고는 '나는 글 짓은 선비이니 글 짓는 데에 전념 할 따름이다.'라고 말합니다. …… '종일 집에서 나오지 않고서 문장을 쓰면서도 종횡으로든 아래위로든 간에 마음 같이 문장을 다루지 못하는 것은 아직 도가 부족하기 때문이라'는 것입니다.
(文之爲言, 難工而可喜, 易悅而自足. 世之學者往往溺之, 一有工焉, 則曰 '吾學足矣.' 甚者至棄百事不關于心, 曰 '吾文士也, 職于文而已.' …… 日不出于軒序, 不能縱橫高下皆如意者, 道未足也.)

    [1] 軒序(헌서): 軒(헌)은 창문이 있는 긴 복도 혹은 조그마한 방이고, 序(서)는 중심이 되는 집채 옆에 물건을 놓아두는 곁채. 여기에서는 안채의 창문과 흙담으로 둘러싸인 안마당을 가리킨다.

그가 여기에서 이른 바 "도"(道)란 물론 역시 봉건적인 공맹(孔孟) 사상의 수양을 가리키지만, 당말(唐末) 이래로 사대부 가운데에서 단편적으로 창작기교를 추구하는 이른바 "문학적 병폐"(文癖)에 대하여 확실히 일침을 가하는 날카로운 비판이다.

성이 악(樂)씨인 한 수재가 자기가 쓴 고문 작품을 가지고 구양수를 방문하였다. 구양수는 그에게 한 사람의 사상이 충실하고 탁월한 견식(見識)을 가지고 있으면서 이를 작품에 반영하여야 예술적인 빛이 발하게 된다고 일러 주었다. 예를 들면, 금이나 옥의 광택은 어떤 색깔을 칠한 것이 아니라 금이나 옥 자체에서 자연스럽게 방사되어 나오는 것이라는 사실과 같은 이치임을 말한다. 그는 《주역·대축(周易·大畜)》 중의 "강건하고 독실하게 수양하면 밖으로 빛을 드러내는 것이 날로 새로워진다."(剛健篤實, 輝光日新), 즉 마음속에 축적된 것이 깊고 두터울수록 밖으로 비치어 나오는 빛이 날로 끝없이 새로워진다는 성어의 한 구절을 인용하였다.

또 다른 고문 애호자인 조무택(祖無擇: 1006-1085, 자는 擇之)은 《목수문집(穆修文集)》을 편집한 사람인데, 사람을 통해 시(詩)·부(賦)·잡문(雜文)을 보내와서는 구양수에게 가르침을 청하였다. 구양수는 그의 작품이 언어가 격이 높고 의미도 심원하지만, 사상내용이 집중되어 있지 않고, 의론도 덜 정련(精練)되어 있다고 지적하면서, 그에게 먼저 고대의 경서를 학습하고 점차적으로 자신의 사상경계를 높일 것을 주문하였다.

문학 창작에 관한 구양수의 이러한 인식은 그가 오충(吳充: 1021-1080)에게 쓴 서신에서도 명확하게 나타나 있다. 그는 "무릇 도가 가득 찬 사람은 문장이 어렵지 않게 저절로 이루어진다."(大抵道勝者, 文不難而自至也.)[5]라고 하였다. 물론 사상내용이 예술형식에 대해서 결정적인 의의를 지니고 있기는 하지만, 예술형식도 반드시 강구해야 한다. 구양수는 매요신이 시를 논한 한 단락을 아주 마음에 들어 했다. 그것은 다음과 같다.

> 시인이 비록 진솔하더라도 시어를 만들기는 어렵다. 만약 뜻이 새롭고 시어가 멋지며 앞 사람이 말하지 않은 것을 얻었다면, 이는 훌륭하다고 하겠다. 반드시 눈앞에 있는 것 같이 묘사하기 어려운 경물을 형상화해 낼 수 있고, 말로써 다 표현해 낼 수 없는 뜻을 담고 있으면서 말밖에 나타나게 할 수 있은 뒤에야 지극하다 하겠다.
> (詩家雖率意, 而造語亦難. 若意新語工, 得前人所未道者, 斯爲善也. 必能狀難寫之景如在目前, 含不盡之意見於言外, 然後爲至矣.)[6]

---

5) <答吳充秀才書>, 《歐陽修詩文校箋·居士集》卷四十七
6) <六一詩話>

여기에서 요구하는 것은 바로 의경(意境)과 언어의 통일, 그리고 사상내용과 예술형식의 결합이다. 이러한 진보적인 문학 관념은 당대(唐代)로부터 계승한 것이자 구양수와 매요신이 작품 속에서 실천을 통해 점차 깨달은 것이다.

강정(康定) 원년(1040) 정월 송나라 군대와 서하(西夏)가 연주(延州: 지금의 陝西省 延安)에서 격전을 벌였는데, 송나라 군대가 참패를 당하고 잇달아 두 명의 장수를 잃었다. 인종은 몹시 두려워하여 "월권하여 일에 대해 말하지 못하게 한"(戒越職言事) 금령(禁令)을 해제하지 않을 수 없었고, 윤수를 경원진봉경략안무사(涇原秦鳳經略安撫司)7)의 판관(判官)으로 전임(轉任)시키고, 범중엄을 용도각직학사(龍圖閣直學士)8) 겸 섬서경략안무부사(陝西經略按撫副使)로 승진시켜서 전방지역으로 보내 하(夏)나라 군대를 방어하라고 명하였다. 구양수도 관각교감 직무를 회복하였다.

경우 3년(1036)부터 강정 원년(1040)까지 4년 동안의 폄적(貶謫) 생활을 거친 후, 구양수는 다시 원래의 직책으로 회복되어 경성으로 돌아왔다. 매요신은 소식을 듣고 한 수의 축하시를 보내와 그 기쁨을 같이 한 것 외에, "황궁으로 다시 돌아왔다고 황우협을 잊지 말

---

7) 涇原秦鳳經略安撫司(경원진봉경략안무사): 경원(涇原)과 진봉(秦鳳) 두 개의 로(路)에 설치되었던 군사와 정치 지도기관이며, 수사(帥司)라고도 하였다. 주로 변경의 군대와 백성 그리고 소수민족을 보살피고, 침략을 방어하는 책임을 졌다. 그 총책임자가 경략안무사(經略安撫司)이다.
8) 龍圖閣直學士(용도각직학사): 용도각(龍圖閣)은 태종(太宗)의 문집과 황실의 계보(系譜) 그리고 전적과 서화 및 귀중한 물건을 보관하는 황궁 안의 건물로 여기에는 학사(學士)·직학사(直學士)·대제(待制) 등의 관직이 설치되어 있었는데, 문학시종의 고문(顧問)으로서 사실은 대부분이 명예 직함이다.

게나"(重來金馬門9), 莫忘黃牛峽.)라고 축하시의 두 구(句)에서 구양수에게 특별히 일깨워 주는 말을 하였다. 이릉의 황우협과 건덕·활주에서의 생활을 구양수는 잊을 수 없을 것이다. 게다가 이 기간 동안 생활하면서 겪은 바는 구양수 일생의 문학 사업에 대단히 중요한 영향을 미쳤다.

---

9) 金馬門(금마문): 황궁의 궐문(闕門)을 말한다. 한대(漢代)에 미앙궁(未央宮) 앞에 구리로 만든 말이 있었기 때문에 금마문이라고 부른다.

제7장 경력(慶曆)년간 신정(新政)에 가담하다

　강정(康定) 원년(1040) 8월 구양수는 경성인 변량으로 돌아 온 지 얼마 안 있어 곧바로 집현교리(集賢校理)[1]로 승진하였다. 이때부터 그는 경성의 옛 친구들과 다시 만나게 되었다. 소순흠은 이 때 이미 진사에 합격하였다. 소순흠의 절친한 친구인 석연년(石延年: 994-1041, 자 曼卿)은 구양수와도 의기가 투합하였다. 석연년은 서곤체를 반대하였고, 술을 마시고 시를 지으면서 호탕하고 스스로 만족해하는 생활을 하였다. 그는 매요신에 바로 이어 소순흠과는 어깨를 나란히 하는 시인이다. 안타깝게도 구양수가 경성으로 돌아온 이듬해에 석연년은 병으로 세상을 떠났다. 구양수가 그를 위해 <석만경묘표(石曼卿墓表)>를 쓰자, 소순흠은 많은 사람 앞에서 붓글씨로 이 묘표를 써

---

[1] 集賢校理(집현교리): 집현(集賢)은 집현원(集賢院)을 가리키며 삼관(三館) 중의 하나이다. 교리(校理)는 일반적으로 경성의 조정에 있는 관리를 임명하며 집현원의 사무를 관리하고 귀중한 서적 등을 정서(淨書) 하는 일을 한다.

서 돌에다 새겨달라고 부탁하였다. 구양수는 뒷날 또 한 편의 뛰어난 제문(祭文)[2]을 썼다.

아아! 만경아! 내 그대 본 지 오래지만 오히려 마치 그대의 평소 모습을 보는 듯 하구나. 그 모습이 영준하여 범상하지 않고, 마음 씀씀이가 광명정대하고, 재능이 우뚝 솟은 산처럼 뛰어났다가 땅속에 묻힌 사람은 썩은 흙으로 변하지 않고 금옥 가운데에서도 정묘한 것으로 되리라 생각하였네. 그렇지 않다면 소나무가 일천 척을 자라게 하고, 영지를 자라게 하여 아홉 줄기가 되게 하였으리라. 황량하게 안개 가득하고 들에 풀들 우거져 있고, 가시나무 이리저리 나 있고 바람 소리 처량한데다 이슬까지 내리는데, 치달리는 귀신불에 날아다니는 반딧불들을 어찌하랴! 소먹이는 어린 아이와 나무하는 늙은이가 노래 부르며 오르내리고, 놀란 날짐승과 들짐승이 슬프게 울며 배회하면서 잉잉거리는 것만 보이네. 지금은 비록 이러하나 천 번의 가을이 바뀌고 만년이 지나면 그것에 여우와 담비 그리고 날다람쥐와 족제비가 숨을 구멍을 파지나 않을지 어찌 알리오? 이것은 옛 성현들도 다 그러하였던 바이니, 저 끊임없이 이어져 있는 넓은 들과 황폐한 무덤이 어찌 보이지 않는가? …… 아아! 만경이여! 성하고 쇠하는 이치가 이와 같음을 내 본래 알고 있었지만, 지난날의 일을 가슴으로 생각하다가 슬프고 처량하여 바람만 쐬어도 눈물 쏟아지는 것을 느끼지 못하는 사람은 감정을 떨쳐버리는 성인에게 부끄러움이 많다네. 이 제수 드시게! (嗚呼曼卿! 吾不見子久矣, 猶能彷佛子之平生. 其軒昂磊落, 突兀崢嶸而埋藏於地下者, 意其不化爲朽壤, 而爲金玉之精. 不然, 生長松之千尺, 産靈芝而九莖. 奈何荒烟野蔓, 荊棘縱橫, 風凄露下, 走燐飛螢. 但見牧童樵叟, 歌唫而上下, 與夫驚禽駭獸, 悲鳴躑躅而咿嚶. 今固如此, 更千秋而萬世兮, 安知其不穴藏狐貉與鼯鼪? 此自古聖賢亦皆然兮, 獨不見夫纍纍乎曠野與荒城!…… 盛衰之理, 吾固知其如此, 而感念疇昔, 悲凉凄愴, 不覺臨風而隕涕者, 有愧乎太上之忘情. 尙饗!)

---

2) <祭石曼卿文>, 《歐陽修詩文校箋・居士集》卷五十

[1] 九莖(구경): 옛날에는 영지(靈芝)를 상서로운 풀로 간주하였다. 《포박자(抱樸子)》: "주초의 영지는 아홉 구비이다."(朱草芝, 九曲.)고 하였는데, 따라서 "구경"(九莖)이라 한다.
[2] 荒城(황성): 분묘를 이른다.
[3] 疇昔(주석): 지난 날
[4] 太上之忘情(태상지망정): 태상(太上)은 최상의 의미로 성인은 정(情)을 잊을 수 있다는 의미이다. 대대의 왕연이 아들을 잃자 슬퍼서 스스로를 주체하지 못하였다. 산간이 애도의 말을 하며 힘 다해 위로하였다. 왕연이 대답하기를 "성인은 정을 잊을 수 있는데, 최하라도 정에까지 미치지는 않습니다. 정이 종처럼 울리는 것은 바로 나와 같은 사람에게 있어서 입니다."(聖人忘情, 最下不及於情; 情之所鍾, 正在我輩.) 《세설신어·상서(世說新語·傷逝)》
[5] 尙饗(상향): 제문의 말미에 쓰는 상투어. 향(饗)은 함께 누린다는 의미. 상향은 사자의 영혼이 제물을 맘껏 드시라는 의미이다.

이들 애도하는 문장은 가슴을 저미며 뒤엉켜 사라지지 않고, 슬프면서도 초탈하게 씌어져 진정한 우정과 깊은 그리움을 나타내었다. 썩지 않을 것이라는 예상에서부터 만물의 변하지 않는 이치의 귀추(歸趣)로 전환하기까지, 문장의 의경은 치달리는 듯하고, 변화는 자유로와 같은 부류의 서정산문 가운데 걸작이다.

이 해 세모(歲暮)에 구양수는 안수의 초청으로 서원(西園)에 설경을 감상하러 갔다. 안수는 이 때 이미 지추밀원사(知樞密院使)[3]에 올라 전국의 군대에 관한 일을 주관하고 있었으니, 뜻을 이루어 득의

---

3) 知樞密院使(지추밀원사): 추밀원지원사(樞密院知院使)고도 한다. 송대에는 추밀원을 설치하여 최고 군사 지도기관으로 아였는데, 그 총 책임 관리를 지추밀원사(知樞密院使) 또는 추밀사(樞密使)라고 하며, 정 2품이 맡고, 재상과 대등한 지위이다. 그리고 한대(漢代)의 관직 명칭을 그대로 사용하여 태위(太尉)하고도 부른다.

만만하였고, 커다란 사택(私宅)도 가지고 있었다. 구양수는 주연(酒宴) 중에 국사와 변방의 군대를 생각하면서 즉석에서 <안태위서원하설가(晏太尉西園賀雪歌)>[4]지어 "주인이 국가와 함께 동고동락하면서, 농사가 풍년이 될 것을 기뻐하지 않네. 불쌍히 여겨야하리 쇠로 만든 갑옷 입어 추위가 뼈에 스며드는 40여 만의 변경 군대를"(主人與國共休戚, 不惟喜悅將豐登. 須憐鐵甲冷徹骨, 四十餘萬屯邊兵.)이라고 하였다. 안수는 시 속에 풍자적 의미가 있음을 알아차리고 상당히 불만스러워 하였다.

몇 년 동안의 폄적생활에서 구양수는 사회 하류계층의 상황을 어느 정도 이해하고 있었다. 납세의 가혹함과 부담 그리고 대지주의 겸병과 도가 넘치는 낭비로 인해 농민은 이미 갈수록 빈곤해져 갔다. 설령 풍성한 수확을 거두어들인 해라 하더라도 열에 아홉 집의 곳간은 텅 비었다. 그가 이 무렵 쓴 시에는 이렇게 씌어져 있다.

> …… 전략 ……
> 군대와 국가는 성화같이 재촉하며 세금 거둬들이고
> 토지를 겸병한 부호들의 씀씀이는 왕공보다 지나치네.
> 해가 다한 뒤 경작한 곡식이 다행히 제대로 한번 익으면
> 모여들어 소비하는 자들 벌떼보다 많네.
> 이러니 근년에는 여러 번 풍년이 들었어도
> 백성들의 곳간엔 늘 텅 비었다네.
> …… 후략 ……

---

4) 《歐陽修詩文校箋·居士外集》卷三

······ 前略 ······
軍國賦斂急星火   幷奉養過王公
終年之耕幸一熟   聚而耗者多於蜂
是以比歲屢登稔   而民室常虛空5)
······ 後略 ······

[1] 比(비): 매번. 연이어. 가까이.
[2] 稔(임): 풍작. 농작물이 잘 익다.

그는 조정의 세금 징수의 횡포와 지주관료의 절제 없는 낭비에 대해 상소하여 이런 못된 일들을 있는 대로 다 말하였지만, 조정에서는 아무도 거들떠보지 않았다.

경력 2년(1042) 요(遼)의 흥종(興宗: 즉 耶律宗眞)은 북송의 부패와 하나라와 전쟁에서의 실패를 이용하여 유계(幽薊: 지금의 하북성 雄縣 남쪽) 일대에다 군대를 모아놓고 남하하겠다고 큰소리치면서 송 왕조에다 와교관(瓦橋關: 지금의 하북성 웅현 남쪽) 이남 10개 현(縣)의 토지를 할양해달라고 요구하였다. 송 왕조는 부필(富弼: 1004-1083)을 사신으로 파견, 담판을 하여 매년 은과 비단을 늘여서 공물로 바치는 것으로 응답을 받아내고서야 영토 할양을 없던 일로 할 수 있었다.

그러나 북방은 가까스로 일시적인 안녕을 담보할 수 있었지만, 서부지역은 형세가 급박하게 돌아갔고, 게다가 경성의 동쪽에서는 기의(起義)가 싹트고 있었다. 송 인종은 사방에 위기가 잠복되어 있음을 느꼈지만, 어찌할 도리가 없었다. 한편으로는 항복 조서를 내려

―――――――――――
5) <答楊闢喜雨長句>, 《歐陽修詩文校箋・居士外集》卷一

백관들에게 일을 논하는 상소문을 밀봉하여 올리게 하였고, 한편으로는 구양수를 지간원(知諫院)6)에 임명하여 채양·여정·왕소(王素)와 함께 간관을 맡도록 하였다. 구양수가 경성으로 돌아와서 간관을 맡은 지 얼마 되지 않아 재상 여의간이 퇴직하고 범중엄이 참지정사(參知政事)7)를 맡았고, 부필은 추밀부사(樞密副使)를 맡아 군사(軍事)를 주관하였다. 경력 3년(1043) 8월에 인종은 천장각(天章閣)을 크게 열고, 범중엄·부필 등 대신들을 불러들여 위기 국면을 벗어날 방책을 조목조목 열거하도록 하였다. 범중엄은 곧바로 그 유명한 <조진십사(條陳十事)>를 올려 관리의 승진과 강등 제도를 엄격히 하고, 관료 자제의 관직 등용 특권을 제한하며, 지방장관의 선임을 강화하고, 지나치게 형평에 맞지 않는 관리의 직전(職田)을 조정하며, 농업생산에 주의를 기울이고, 군비(軍備)를 개선하며, 노역을 경감시키고, 조정의 위엄과 명망을 세우는 것 등과 같은 각종 개혁적 조치를 취하도록 건의하였다.

구양수는 이때 이미 지제고(知制誥)로 승진하였다. 그는 폐단을 개혁하고 백성을 구제하는 것 외에, 강건하고 추진력 있으며 청렴하고 절개가 있는 사람을 발탁하여 안찰사(按察使)로 삼아서 각 로(路)와 주(州)·현(縣)의 관리를 감찰하게 하여 정기적으로 조정에 보고하게 하는 안찰법(按擦法) 시행을 건의하였고, 또 과거시험에서 성률을 중

---

6) 知諫院(지간원): 송대에는 간원을 설치하여 간언(諫言)·풍간(諷諫)·건의(建議) 등의 일을 맡았는데, 이는 탄핵을 주관하는 어사대(御史臺)와 대칭하여 "대간"(臺諫)이라 하였다.
7) 參知政事(참지정사): 송대의 부재상(副宰相)이며 정2품. 지위는 동중서문하평장사(同中書門下平章事)의 아래이다.

시하는 병폐와 짝을 이루는 구(句)를 맞물리게 배치하는 글을 쓰는 누습(陋習)을 개혁해야 한다고 제창하였으며, 경성의 태학(太學)을 확대하고 주(州)와 현(縣)에 학교를 설립할 것을 제창하였다. 이러한 건의는 범중엄이 주장한 개혁적 조치와 함께 한 차례 인종에게 받아들여져서 조령(詔令)으로 씌어져 전국에 반포, 시행되었는데, 이것을 "신정"(新政)이라고 한다.

"신정"의 조치는 귀족 관료와 대지주의 이익에 저촉되었기 때문에 반대파의 미움을 한 층 더 불러 일으켰다. 하송(夏竦: 985-1051)과 왕공진(王拱辰: 1012-1085) 등 수구파 관료들은 범중엄·구양수·여정·채양 등이 "붕당"(朋黨)을 결성하였다고 공격하였고, 인종도 이들에 대해 의구심이 생겼다. 이 때문에 구양수는 <붕당론(朋黨論)>8)을 써서 인종에게 올렸다. 그는 그들의 창으로 그들의 방패를 찌르게 하는 방법으로, 알기 쉽고 명쾌하게 반대파에게 회답하였다.

> 신이 듣건대 붕당에 관한 견해는 옛날부터 있었으니, 오직 황제께서 그들이 군자인지 소인인지를 분별해 주시기 바랄 뿐입니다.
> 대체로 군자와 군자는 도의를 같이 하기 때문에 붕당을 이루고, 소인과 소인은 이익을 같이하기 때문에 붕당을 이루게 되는데, 이것은 자연의 이치입니다. 그러나 신은 소인들에게는 붕당이 없고, 오직 군자라야만 붕당이 있다고 아룁니다. 그 까닭은 무엇이겠습니까? 소인들이 좋아하는 것은 봉록과 이익이오, 탐내는 것은 재물과 금전입니다. 그들이 이익을 같이 할 때에는 잠시 자기 패거리로 끌어들여 붕당을 이루는 것은 거짓 입니다. 그들은 이익을 보게 되면 앞을 다투고, 혹은 이익이 다하여 교분이 소원해지

---

8) 《歐陽修詩文校箋·居士外集》卷十七

게 됨에 이르러서는 오히려 서로 몰래 해치니, 비록 그의 형제나 친척이라 하더라도 서로 보전할 수 없게 됩니다. 그러므로 저는 소인들에게는 붕당이 없고, 그들이 잠시 붕당을 이루는 것은 거짓이라 생각합니다. 군자들은 그렇지 않습니다. 그들이 고수하는 것은 도의이고, 행하는 것은 충성과 신의이며, 아끼는 것은 명예와 절조입니다. 이런 것으로써 몸을 수양하니 도를 같이하여 서로 유익하게 하고, 이런 것으로써 나라를 섬기니 마음을 같이하여 함께 일을 성취하게 되어 시작과 끝이 하나같사옵니다. 이것이 군자들의 붕당입니다. 그러므로 황제가 된 분은 오직 마땅히 소인들의 거짓 붕당을 물리치시고, 군자들의 참된 붕당을 등용하기만 하면, 천하는 다스려지게 될 것입니다.

(臣聞朋黨之說, 自古有之, 惟幸人君辨其君子小人而已. 大凡君子與君子, 以同道爲朋; 小人與小人, 以同利爲朋, 此自然之理也. 然臣謂小人無朋, 惟君子則有之, 其故何哉? 小人所好者, 祿利也, 所貪者, 財貨也. 當其同利之時, 暫相黨引以爲朋者, 僞也. 及其見利而爭先, 或利盡而交疏, 則反相賊害, 雖其兄弟親戚不能相保. 故臣謂小人無朋, 其暫爲朋者, 僞也. 君子則不然: 所守者道義, 所以者忠信, 所惜者名節. 以之修身, 則同道而相益; 以之事國, 則同心而共濟, 終始如一. 此君子之朋也. 故爲人君者, 但當退小人之僞朋, 用君子之眞朋, 則天下治矣.)

구양수는 문제의 관건은 사람들이 붕당을 결성하느냐의 여부에 달려있는 것이 아니라, 어떤 사람들이 어떤 성질의 붕당을 결성하는 것인지를 변별하는 데 있다고 지적하였다. 그는 이 전제에서 출발하여 논리적인 추리를 하여 군자의 붕당과 소인의 붕당의 다른 점을 논술하였다. 이어서 또 여섯 가지 역사적 사실을 끌어와 임금이 "붕당" 문제를 처리한 결과로써 자신의 논점을 진일보 증명하였다. 글의 끝머리는 "대체로 흥성과 멸망, 태평과 혼란의 자취는 군주된 분이 귀감으로 삼을 만합니다."(夫興亡治亂之迹, 爲人君者可以鑒矣.)인데, 공교롭게도 첫머리의 "오직 황제께서 그들이 군자인지 소인인지를 분별해 주시기 바랄 뿐입니다."(惟幸人君辨其君子小人而已.)라는 문구와 서로 잘 호응을 이룬다.

구양수의 붕당관(朋黨觀)은 물론 봉건전제주의(封建專制主義)의 정치사상 체계에 속한다. 그것이 진리적 요소를 구비하고 있는지 여부는 여기에서 잠시 접어두고, 단지 이 논리싸움 성격을 띤 글의 구조와 논리성만을 가지고 말하더라도 고대 산문사에서 상당히 특색을 갖춘 작품이라 할 수 있다.

이때 경성의 동쪽과 서쪽에서 일어난 기의는 이미 진압되었고, 당항족(黨項族) 사람들도 해 이은 전쟁으로 인하여 피로를 느끼게 되어, 마치 한 차례 폭풍이 지나 간 듯 천하는 다시 태평해져 갔다. 계급 갈등과 민족 갈등이 잠시 와해됨에 따라 개혁은 마치 대수롭지 않은 일로 되어버리는 듯 했다. 인종은 사람을 파견하여 서하와 이미 강화를 하였고, 범중엄과 구양수 등의 쉴 사이 없이 재잘거리는 의론도 점차 귀찮게 느끼기 시작하였다. 이때 마침 하동(河東: 지금의 山西 일대)에 양식 저장이 더 이상 이어질 수 없게 되자, 어떤 사람이 인주(麟州: 지금의 섬서성 神木顯 동북쪽)를 철폐해 달라고 청하니, 구양수는 곧 이를 빌미로 하동으로 파견되었고, 얼마 안 있어 진주(鎭州: 지금의 하북성 正定)로 전출되었다. 범중엄은 사직을 청하고 섬서 전방으로 돌아왔고, 부필도 하북으로 전출 되었다. 송나라와 하나라가 화의를 체결한 후, "신정"은 일률적으로 철폐되었고, 조정 안팎의 개혁파도 모두 방축되었다.

경력 5년 (1045) 구양수의 생질녀 장씨(張氏)가 법에 저촉되는 행위를 하자, 간관 전명일(錢明逸: 1015-1071)과 개봉지부(開封知府) 양일엄(楊日嚴) 등이 이 기회를 틈타 구양수를 이 사건에 연류시켜 하옥하였다. 조정에서는 사람을 파견하여 감독(監勘)하였으며, 수구파는 더욱이 그의 사(詞) 한 수를 가지고서 비방을 하였다. 비록 조사를 통하여 훗날 무고함이 밝혀졌지만, 구양수는 그래도 저주(滁州: 지금의 安徽省 滁縣)로 귀양 보내져 지주사(知州事)를 지내게 되었다.

이것은 구양수가 두 번째로 폄적당한 것이다. 그는 황하(黃河)를 건너고 변수(汴水)를 건너 또 다시 죄를 짊어지고 떠돌 듯 옮겨갔다. 황하 물가 모래톱에서 남쪽으로 날아가는 기러기는 9년 전 그와 짝을 하였던 것처럼 서리 내리는 늦가을 아침에 울며 날아간다. 그는 한 수의 신시(新詩)를 읊는다.

> 양성의 물가 마을에 새로 왔던 기러기는
> 짝을 따라 남으로 월선을 좇아가네.
> 들의 강 언덕 버드나무 누렇게 변하고 서리는 마침 하얗게 내렸는데
> 오경의 종소리는 수심 가득한 나그네가 놀라 잠 깨게 하네.

> 陽城淀里新來雁　　趁伴南飛逐越船
> 野岸柳黃霜正白　　五更驚破客愁眠[9]

마음속에는 서러움이 저미어 온다.

---

[9] <自河北貶滁州初入汴河聞雁>, 《歐陽修詩文校箋·居士集》 卷十一

제8장 다시 저주(滁州)로 좌천되다

　저주(滁州)는 장강(長江)과 회하(淮河)의 사이에 있고, 산은 높고 물은 맑으며, 지세가 험준하다. 이곳은 지역이 구석지고 일도 많지 않으며, 풍속은 순박하고 인정이 두터웠다. 구양수는 이러한 곳에 폄적되어 온 터라, 마침 여유롭게 산수를 유람할 수 있었다.
　저주의 남쪽에는 풍산(豐山)이라는 산이 하나 있는데, 산세가 한쪽 면은 높은 봉우리로 되어있고, 나머지 삼면은 대나무가 울창한 고개이다. 산 앞의 대나무 숲에서 한줄기 맑은 샘물이 졸졸 흘러나오는데, "자미천"(紫薇泉)라 부른다. 초여름 구양수는 조그마한 오솔길을 따라 걸으면서 풍산의 자미천 원류를 찾아내었다. 그리고 산 사이에 샘을 틔우고 정자를 지어 "풍락정"(豐樂亭)이라 이름 붙이고는 <풍락정기(豐樂亭記)>를 지었다.
　풍산의 서쪽 편엔 낭야산(琅琊山)이라는 경치가 아름다운 또 하나의 산이 있다. 구양수는 술을 허리춤에 차고 놀러갔고, 노는 데 푹 빠져 돌아올 줄 몰랐다. 산간의 맑은 바람은 몸에 붙은 먼지와 때를 털어주고, 양천(釀川)의 흐르는 물은 그의 머릿속 번뇌를 깨끗이 씻어내 준다. 소탈하고 꾸밈없는 산림의 정취는 얽매이지 않는 그의 본성을 감동시켰고, 대자연의 신운(神韻)은 치솟아 흘러넘치는 그의 격정을 불러일으켰다. 그는 늘 산가(山歌: 남방의 농촌이나 산촌에서 유행하던 산이나 들에서 일을 할 때 부르는 민간가곡)를 부르며 그곳의 노인과 함께 천천히 걸어가거나 산속에 흐르는 샘물의 맑은 소리를 들으며 손님들과 장기를 두었다. 그는 구사격(九射格: 投壺 놀이를 모방한 놀이의 일종) 놀이로써 벌주놀이를 대신하며 친구들의 주흥(酒興)을 돋우고, 자신도 좋은 술과 아름다운 자연 경관에 도취되어 비방으로 폄적당한 치욕을 잊었는데, 자신이 그래도 한 주(州)의 장관이라는 것조차 잊었고, 심지어는 겨우 만 40세의 나이라는 것도 잊고서 자신을 "취옹"(醉翁)이라 불렀다. 아예 정자도 "취옹정"(醉翁亭)이라고 불렀다. 그는 술을 깬 다음에는 또 단숨에 산간의 아침저녁과 사계절의 경치 및 저주 사람들과 자신이 놀고 즐기는 것을 붓을 휘둘러 문장으로 썼고, 아울러 돌에 새겨 달라고 부탁하였는데, 이것이 바로 그 유명한 <취옹정기(醉翁亭記)>[1] 이다.

  저주를 둘러싸고 있는 것은 온통 산이다. 그 서남쪽의 여러 산봉우리는 숲과 골짜기가 더욱 아름다운데, 그곳을 바라보아 초목이 우거지고 골짜기가 깊고 산세가 빼어난 것이 낭야산이다. 산으로 예닐곱 리 쯤 걸어가면 물소리가 졸졸거리며 산의 양쪽 봉우리 사이에서 흘러나오는 게 점차 들려오는 곳이 양천이다. 산봉우리가 굽이쳐진 산길이 돌아진 곳에 정자가 날

---

1) 《歐陽修詩文校箋・居士集》卷三十九

제8장 다시 저주(滁州)로 좌천되다 91

개 펼치듯 양편 위에 걸쳐 있는 것이 취옹정이다. 이 정자를 지은 이는 누구인가? 산의 승려 지선이다. 그것을 이름 한 이는 누구인가? 태수가 직접 이른 것이다. 태수는 손님들과 더불어 이곳에 와서 술을 마시는데, 조금만 마셔도 금방 취하고, 나이도 가장 많아서, 스스로 취옹이라 호(號)한 것이다. 취옹의 의미는 술에 있지 않고 산수의 사이에 있다. 산수를 노니는 즐거움을 마음에서 터득하여 그것을 술에다 빗댄 것이다.

  아침 해가 솟아오르니 숲 속 자욱한 안개와 구름 걷히고, 구름이 돌아오니 바위동굴이 어둑해지는데, 어두웠다 밝았다 하며 변화하는 것이 산속의 아침과 저녁이다. 들꽃이 피니 그윽히 향기 나고, 아름다운 나무들이 무성하니 두루 그늘 이루며, 바람 높게 일고 서리 하얗게 내리며, 개울물이 줄어서 바닥의 돌이 드러나는 것이 산속의 사계절이다. 아침에 가고, 저녁에 돌아오는데, 사계절의 경치 모두 다르니 즐거움 또한 끝이 없구나.

  짐을 진 사람은 길에서 노래 부르고, 길 가던 사람은 나무아래서 쉬며 앞서 가는 사람이 소리치면 뒤에 가는 사람이 호응하고, 허리 굽은 노인과 손잡고 따라가는 아이들이 오가며 끊이지 않는 것은 저주 사람들이 노니는 것이다. 시냇가에 이르러 물고기 잡는데 물 깊으니 고기는 살이 쪄 있고, 양천 샘물로 술 담그니, 샘물 향기로워 술 맛이 깔끔하고, 산에서 난 고기 안주와 들에서 나는 나물 안주가 이리저리 섞여서 앞에 벌여 놓아진 것은 태수가 베푸는 잔치이다. 잔치가 무르익는 즐거움은 현악기·관악기 연주 소리 때문이 아니며, 투호놀이용 화살 던지는 사람이 적중하고, 바둑 두는 사람이 이기니 큰 소뿔 벌주잔과 산가지가 어지럽게 뒤섞이고, 일어섰다 앉았다 왁자지껄 떠드는 것은, 뭇 손님들이 즐거워하는 것이다. 푸르스름한 얼굴 허연 머리에 그 가운데 툭 구부러져 있는 것은 태수가 취한 모습이다.

  얼마 안 있어 저녁 해가 산등성이에 걸리고, 사람들의 그림자도 어지러이 흩어지는 것은 태수가 돌아감에 손님이 따라나서는 것이다. 숲 속 그림자 드리워짐에, 울음소리 여기저기서 들려오는 것은 놀던 사람 가고나니 짐승과 새들이 즐기는 것이다. 그러나 짐승과 새들은 산림 속에서 노니는 즐거움을 알아도 사람들의 즐거움을 알지 못하고, 사람들은 태수를 따라

놀고 즐거워하는 것을 알아도 태수가 자신만의 즐거움을 즐기고 있다는 것은 알지 못한다. 취하여서는 그들과 즐거움을 같이 할 수 있고, 술이 깨어서는 문장으로 그것을 기술할 수 있는 이는 태수이다. 태수는 누구일까? 여릉 사람 구양수이다.

(環滁皆山也. 其西南諸峯, 林壑尤美, 望之蔚然而深秀者, 琅邪也. 山行六七里, 漸聞水聲潺潺, 而瀉出於兩峯之間者, 釀泉也. 峰回路轉, 有亭翼然臨於泉上者, 醉翁亭也. 作亭者誰? 山之僧智仙也. 名之者誰? 太守自謂也. 太守與客來飮於此, 飮少輒醉, 而年又最高, 故自號曰醉翁也. 醉翁之意不在酒, 在乎山水之間也. 山水之樂, 得之心而寓之酒也.

若夫日出而林霏開, 雲歸而巖穴暝, 晦明變化者, 山間之朝暮也. 野芳發而幽香, 佳木秀而繁陰, 風霜高潔, 水落而石出者, 山間之四時也. 朝而往, 暮而歸, 四時之景不同, 而樂亦無窮也.

至於負者歌於途, 行者休於樹, 前者呼, 後者應, 傴僂提携, 往來而不絶者, 滁人遊也. 臨溪而漁, 溪深而魚肥; 釀泉爲酒, 泉香而酒洌; 山肴野蔌, 雜然而前陳者, 太守宴也. 宴酣之樂, 非絲非竹; 射者中, 奕者勝, 觥籌交錯, 起坐而喧譁者, 衆賓歡也. 蒼顔白髮, 頹然乎其中者, 太守醉也.

已而夕陽在山, 人影散亂, 太守歸而賓客從也. 樹林陰翳, 鳴聲上下, 遊人去而禽鳥樂也. 然而禽鳥知山林之樂, 而不知人之樂; 人知從太守遊而樂, 而不知太守之樂其樂也. 醉能同其樂, 醒能述以文者, 太守也. 太守謂誰?)

[1] 太守(태수): 한대(漢代) 한 군(郡)의 최고 행정장관. 송대의 지부(知府)·지주(知州)가 옛날 태수의 지위에 상당하는데, 자주 태수로써 대신 칭한다.
[2] 射者中(사자중): 구사격(九射格) 놀이에서 승리를 거두었음을 말한다.
[3] 觥籌(굉주): 굉(觥)은 주기(酒器)를 가리킨다. 고대에 외뿔들소의 뿔로 만들었기 때문에 "외뿔들소 잔"(兕觥)이라고 불렀다. 훗날 나무나 구리로 만들었고 일곱 되의 술을 담을 수 있다. 주(籌)는 주마

(籌碼)라고도 하며, 벌주놀이를 하거나 마신 술의 수를 셀 때 사용하는 공구이다.

<취옹정기>가 반영하고 있는 것은 구양수가 저주에서 생활한 한 측면이다. 이 한 측면은 조정의 상하 대신간의 각축과도 다르고, 서경 막부에서의 연회와도 다른, 잠시 세속의 혼란을 벗어난 일종의 평온하고 고요한 생활이고, "백성들과 즐거움을 같이 하는"(與民同樂) 자신의 이상(理想)의 색연필로써 그려낸 한 폭의 사생화이다. 작자의 표현에 혹시 과장이 있기도 하겠지만, 조화롭고 아름다운 분위기와 시 같은 무드는 그래도 사람들에게 홀가분하고 즐거운 느낌을 가져다준다. 그리고 작자 자신의 상처받은 마음도 이로 말미암아 위로 받을 자리를 얻게 된다.

주희(朱熹: 1130-1200)의 말에 따르면, 어떤 이가 이 산문의 초고를 샀다는데, 그 첫머리가 원래는 모두 수십 글자로, 사방의 여러 산을 묘사한 것이었는데, 뒷날 수정하면서 모두 없애버리니 "저주를 둘러싸고 있는 것은 온통 산이다."(環滁皆山也.)라고 하는 다섯 글자만 남았다고 한다. 머리를 쪼개도 일어날 정도로 우뚝 솟는 것이 범상하지 않다. 주희는 이 부분의 수정을 보고 감탄하여 "고쳐서 묘한 경지에 이르렀다."(改到妙處)고 말하였다. <취옹정기>는 구성과 배치가 짜임새 있고, 서술에 질서가 있을 뿐만 아니라, 필치가 맑고 빼어나며, 언어는 시원스럽다. 저주의 사계절 경치에 대한 묘사는 <풍락정기>와도 다르다. 진소유(秦少遊: 1049-1100)[2]는 이 작품이 부(賦)로

---

2) 少遊(소유): 진관(秦觀: 1049-1100)이다. 자가 소유(少遊)이고, 소문사학사(蘇門四學

씌어졌지만, 조탁한 흔적이 조금도 없다고 하였다. <취옹정기>의 전체가 비록 같은 종류의 구법(句法), 즉 앞의 반 구(句)에서는 서술이나 묘사를 하고 뒤의 반 구에서는 앞의 반 구절에 대해 설명하는 구법을 사용하였으나, 각 구에는 모두 변화가 있어 똑같다는 점이 드러나 보이지 않는다. <취옹정기>는 단숨에 21개의 "야"(也)자를 사용하였으므로 비록 인위적으로 조작했다는 지적을 면하기는 어려우나 음(音)이 아름답고 운(韻)이 길게 남아 한 사람이 노래하면 세 사람이 따라 노래하게 한다. 새로운 착상을 펼치고 기법을 만들어 낸 것은 전에 없던 바이다. 만약 한유의 문장이 솟구쳐 오르는 거친 파도나 밀려오는 조수(潮水)와 같다면, 구양수의 이러한 산문은 넘실거리는 가을 물결이나 맑디맑은 봄물 같고, 완곡하고 평이하여 일종의 온화한 도량을 한층 더 두드러지게 드러나게 한다.

 <취옹정기>는 당시에 이미 널리 전해졌는데, 태상박사(太常博士)를 맡고 있던 음악가 심준(沈遵)은 심지어 <취옹정기>에 이끌려 저주까지 왔다. 그는 돌아가서 자신의 유람과 체험을 거문고 곡으로 곡보(曲譜)를 만들어 <취옹음삼첩(醉翁吟三疊)>을 창작하였는데, <취옹조(醉翁操)>라고도 한다. 리듬이 성긴데다, 소리가 화려하고 시원스러워, 거문고를 이해하는 사람은 매우 뛰어난 작품이라 여긴다. 십년 후 구양수는 거란에 사신으로 가는 도중 심준과 다시 만났다. 밤이 깊고 술이 거나하게 되자 심준은 구양수를 위해 또 한 차례 거문고를 연주해 주었다. 훗날 구양수가 매요신과 함께 이 곡에다 가사를

士) 중의 한 사람이며, 호는 회해거사(淮海居士)이다. 송대 사 작가로 《회해사(淮海詞)》(《회해거사장단구(淮海居士長短句)라고도 함)가 있다.

붙이고는 <증심박사가(贈沈博士歌)>라고 썼다. 구양수와 심준이 죽은 다음 여산(廬山)의 도교(道敎) 악사(樂師) 최한(崔閑)은 또 소식에게 다시 새 가사를 붙여달라고 부탁하였고, 곳곳에 전해져 불리어졌다. 구양수와 소식의 사(詞)는 지금까지도 전해지지만, 안타깝게도 심준의 거문고 곡은 전해지지 않는다.

구양수가 저주에 있을 때, 명성을 흠모하여 찾아와 고문을 가르쳐 달라는 사람이 늘 몇 명씩 있었다. 그는 재능과 포부를 확실하게 가지고 있는 이들 후학들에게 늘 칭찬을 아끼지 않았고, 그들이 "성취를 이루어 이름을 날리도록"(成就美名)3) 하였다. 이들 후학 가운데에는 장생(章生)·왕향(王向)·손수재(孫秀才)·서무당(徐無黨: 1024-1086) 그리고 서무일(徐無逸) 형제 외에도 강서(江西) 수재 증공(曾鞏: 1019-1083)이 있었다. 증공은 자가 자고(子固)이고, 건창 남풍(建昌南豐: 지금의 강서성 南豐) 사람이다. 그가 구양수에게 편지를 처음으로 쓴 것은 경력 원년(1041)이다. "경력신정" 기간에 그는 왕안석의 문장을 구양수에게 추천하며 보여 주었다. 그는 이 때 저주에 와서 그 자리에서 왕안석의 작품을 구양수에게 올렸다. 구양수는 읽고 나서 아주 마음에 들어 하며 그 작품을 때마침 편집하고 있던 《문림(文林)》4)에 넣을 준비를 하였다. 그러나 그는 왕안석의 생각이 확 트이지 못하고 작품에 맹자와 한유를 기계적으로 모방한 흔적이 있으며, 생경

---

3) <藝文>, 《夢溪筆談》卷十五.
4) 《文林》: 증공의 말에 따르면 구양수가 "《문림》을 편집해 본 것은 당시 사람들의 문장 가운데 좋은 글을 알아보고자 한 이유에서였다."(嘗編文林者, 悉時人之文佳者.)고 한다. 아마도 당시의 우수한 작품 선집류(選集類)에 속하는 것 같다.

한 어휘를 직접 만들어낸 흠이 있다는 것을 발견하였다. 그는 왕안석을 꼭 한번 만나서 그가 문장 창작의 길을 넓히고 결점을 극복하도록 도와주겠다고 하였다. 증공이 뒷날 구양수의 뜻을 왕안석에게 전하자, 왕안석도 이들 소중한 의견을 모두 받아들였다. 구양수가 좌천되어 저주로 갈 때, 매요신이 그에게 한 수의 장편시를 부쳐주었는데, 시에서 "공자께서는 《춘추》를 지으셨는데, 힐난 당하는 역사 인물은 늘 태형을 받는 듯 고통스러웠네. 후대에 시대마다 각각 역사서가 있었는데, 역시 선악을 빠뜨리지 않고 적었네."(仲尼著春秋, 貶骨常苦笞. 後世各有史, 善惡亦不遺.)5)라 하였다. 매요신은 이때 나이 50에 가까웠고, 시인으로서의 명성은 날로 높아 갔지만 생활은 여전히 형편없이 곤궁하였다. 그는 자신의 시 원고도 그다지 잘 정리하지 않았다. 그 가운데 일부 작품은 처형의 아들이 10권으로 정리하여 구양수에게 서문을 써달라고 부탁하였다. 구양수는 이 서문에서 시가에 대한 중요한 이론을 상세히 서술하였다.

    나는 세상 사람들이 시인 가운데 현달한 사람은 적으나 곤궁한 사람은 많다고 하는 말을 들었는데, 어찌 그러한가? 무릇 세상에 전해오는 시는 옛날 곤궁했던 사람들에게서 나온 작품이 많다. 대저 선비 가운데 자신이 간직하고 있는 바를 쌓아 두고 있음에도, 세상에 펼 길이 없는 사람은 대부분 산이나 물가에서 방랑하며, 벌레 · 물고기 · 풀 · 나무 · 바람 · 구름 · 날짐승 · 들짐승 등과 같은 것들을 보고 이따금 그것들의 기괴한 면을 찾아 탐색하고 묘사하기를 좋아한다. 마음속에 근심이나 울분이 쌓이는 게 있게 되면, 그들은 원망하고 풍자하려는 생각이 일어나, 죄를 짓고 멀리 귀

---

5) <寄滁州歐陽永叔>, 《宛陵文集》 卷二十六

양 간 신하나 과부의 애탄을 말하여 사람들이 말로 표현하기 어려운 것을 묘사해 내는데, 대개 곤궁하면 곤궁할수록 더욱 훌륭해지는 것이다. 그렇다면 시가 사람을 곤궁하게 하는 것이 아니라, 아마도 곤궁한 사람이 된 다음에 시가 훌륭해 지는 모양이다.
(予聞世謂詩人少達而多窮, 夫豈然哉? 蓋世所傳詩者, 多出於古窮人之辭也. 凡士之蘊其所有而不得施於世者, 多喜自放於山巓水涯之外, 見蟲魚草木風雲鳥獸之狀類, 往往探其奇怪.內有憂思感憤之鬱積, 其興於怨刺, 以道羈臣寡婦之所歎, 而寫人情之難言, 蓋愈窮則愈工.然則非詩之能窮人, 殆窮者而後工也.)6)

    이것은 인식(認識)에 있어서 구양수의 또 하나의 진보라고 할 수 있다. 곤궁한 생활과 고달픈 처지는 많은 시인들의 공통된 운명일 뿐만 아니라, 그들의 시가창작의 주요 원천이라는 것이다. 그는 결코 시를 짓는 것이 사람을 가난하고 고통스럽게 하는 것이 아니라, 힘든 처지가 시인이 포부를 펼치지 못하게 하고, 그래서 마음속에 쌓인 감정을 가장 정확하고 교묘한 언어로 표현해 낼 방법을 찾지 않을 수 없게 한다. 그는 "시가 사람을 곤궁하게 하는 것이 아니라, 대개 곤궁한 사람이 된 이후에 정교해 진다."(非詩之能窮人, 殆窮者而後工)는 탁월한 평가를 통한 단정을 내놓았다. 이것은 과거에 전도되었던 인과관계를 다시 뒤집어 놓았다. 그래서 사회 실천적 문학창작에 대한 결정을 하는 문제에 대해서 유물주의적 해석을 내놓은 것이다. "곤궁하게 되어서야 시가 정교해진다."(窮而後工)는 이론은 백거이의 뒤를 이어서 구양수가 현실주의 시가이론에 끼친 중대한 공

---

6) ⟨梅聖兪詩集序⟩, 《歐陽修詩文校箋·居士集》 卷四十一

헌이다. 그것은 당시와 후세의 시가창작에 커다란 영향을 미쳤다.

구양수가 이 시기에 지은 시가, 이를테면 <제저주취옹정(題滁州醉翁亭)>·<사판관유곡종화(謝判官幽谷種花)>·<답여공저견증(答呂公著見贈)>·<유낭야산(遊瑯琊山)>·<반춘정(班春亭)>과 같은 작품은 대부분 새로운 특색을 지니고 있다. 한편으로는 한유의 문장으로써 시를 짓는 특징을 수용하여 시가를 산문화(散文化)·이론화(理論化) 한 것이고, 또 다른 한편으로는 한유 시의 웅장한 기백을 유지하는 동시에, 시어(詩語) 사용에 있어 한유의 험괴(險怪)한 결점을 피하고, 평이하고 알기 쉬우며, 소탈하고 청신한 풍격을 형성한 점이다. "궁이후공"이라는 그의 시가이론은 단지 매요신의 경력만을 통해서 총결해낸 것이 아니라, 자신의 창작 실천도 그 안에 분명히 포함되어 있다고 말하여도 좋을 것 같다. 만약 "구양수의 사업은 이릉에서 시작되었다."고 말하려 한다면, 이릉은 확실히 하나의 시작일 따름이고, 구양수가 시문혁신운동을 창도하여 성공을 거둔 주관적인 조건은 그가 "십년동안 모진 풍파 겪으면서, 아홉 번이나 죽을 뻔 하다가 함정에서 나온"(十年困風波, 九死出檻阱)[7] 장기간의 역경 속에서 조금씩 축적된 것이다. 그리고 어떤 객관적 조건이 무르익어 갈 바로 그 때, 이 운동의 절정도 곧 도래하게 된다.

---

7) <述懷>, 《歐陽修詩文校箋·居士集》卷五

제9장 양주(揚洲)에서 상구(商丘)로

경력 8년(1048) 정월 구양수는 저주에서 양주(揚州) 지주(知州)로 전임되었다. 양주는 소백호(邵伯湖)와 강남(江南) 운하에 인접해 있는 송대의 장강과 회수의 요충지였다. 이곳은 저주와는 다르기 때문에 구양수는 비교적 근신하였다. 그는 명성과 명예를 추구하려 하지 않고, 모든 것을 전임 지주였던 한기(韓琦: 1008-1075)의 정책을 따라서 행하였기 때문에 눈에 띄는 치적은 보이지 않으나, 백성들은 오히려 아무런 일없이 평온하였다.

한가한 날에 그는 죽서정(竹西亭)・곤구대(昆丘臺)・몽곡(蒙谷)과 대명사(大明寺) 등으로 가서 유람하였는데, 천하에 비견할 것이 없이 아름다운 무쌍정(無雙亭)의 진기한 꽃들을 감상하고, 미천정(美泉亭)의 이름난 우물샘의 물맛을 보면서 <답허발운견기(答許發運見寄)>라는 시와 <대명수기(大明水記)>를 썼다. 대명사의 옆에다 그는 낡은 집을 철거하고 넓게 탁 트인 새 집을 지었다. 이 새집은 촉강(蜀岡)을 등지고 한강(邗江)에 인접해 있으며 좌우에는 군데군데 대나무가 심어져 있다. 난간에 기대어 남쪽을 바라보면, 강의 왼쪽 여러 봉우리가 모두 처마 아래에 줄지어 에워싸고서 꼭 기둥이나 복도와 어깨를 나란히 하고 있는 듯하다. 그는 새로 지은 이집을 "평산당"(平山堂)이라 이름 붙였다.

여름이 되자 구양수는 빈객과 함께 더위를 피해서 평산당으로 바람을 쐬러 와 연꽃(蓮)을 감상하고 시를 읊다가 저녁이 되어서야 돌아왔다. 그는 평산당 앞에다 버드나무를 직접 심었는데, 사람들은 "구공의 버드나무"(歐公柳)라 불렀다. 몇 년이 지난 후 그 때를 그리워하며 <조중조(朝中措)>[1]라는 사(詞)를 한 수 지어서 양주 태수(太守)로 나가는 친구 유원부(劉原父)에게 선사하였다.

> 평산당 난간에 기대어 푸른 하늘을 보니
> 푸른 산 빛은 있는 듯 없는 듯.
> 평산당의 난간에서 맑은 하늘 바라보다가
> 평산당 앞에다 손수 수양버들 심었는데
> 이별하고 봄바람은 몇 번이나 왔었을까?
>
> 문장 짓기 좋아하는 태수였던 나는
> 붓 휘둘렀다 하면 만 글자 쓰고
> 한 번 마셨다 하면 천 잔이니
> 놀고 즐기는 건 나이가 젊어야 하는 것을
> 술잔 앞에 앉아있는 노쇠한 늙은이를 보네.

平山欄檻倚晴空, 山色有無中. 手種堂前垂柳, 別來幾度春風. ◆ 文章太

---

1) <朝中措>, 《歐陽修全集 · 近体樂府》卷一

守, 揮毫萬字. 一飮千鍾. 行樂直須年少, 樽前看取衰翁.

　어떤 사람은 평산당은 강을 사이에 두고는 바로 산이니, "산 경치가 보일락 말락 하네."(山色有無中)라고 말해서는 안된다고 여겼고, 심지어는 그가 "근시"(近視)라고 비웃기도 하였다. 사실, "산 경치가 보일락 말락 하네."는 왕유의 시구(詩句)를 빌어다 쓴 것으로 자연스럽고 적절할 뿐 아니라 더욱이 끝없는 묘한 운치가 있다. 소식은 훗날 <수조가두·쾌재정(水調歌頭·快哉亭)>에서 특별히 이 유명한 싯구를 들어 "평산당 위에서 베개 베고 강남의 안개비를 바라보았더니, 안개비 속에 아득히 멀리 외로운 기러기 한 마리가 보였던 것이 오랫동안 기억난다. 취옹께서 '푸른 산 빛이 있는 듯 없는 듯하다.'고 한 말의 의미를 알겠구나."(長記平山堂上, 欹枕江南煙雨, 渺渺沒孤鴻. 認得醉翁語, '山色有無中'.)2)라고 하였다. 구양수는 양주에 온 지 채 1년이 못되어 눈병이 났다. 훗날 해가 지나도 낫지 않고 급기야는 고질병이 되었다. 그는 겨우 마흔 셋의 나이에 이미 귀밑머리와 수염은 다 하얗게 되었고, 눈은 어두침침하였다. 게다가 자애로운 모친이 연로하신데다 병환이 깊어 조그마한 군(郡)인 영주(潁州: 지금의 안휘성 阜陽)로 전출가게 해달라고 청원을 하였는데, 이것이 윤허되어 영주지주(潁州知州)로 옮겨갔다.

　영주는 옛 명칭이 여음(汝陰)이었고, 영수(潁水)와 회하(淮河)의 사이에 있다. 이곳은 백성들이 순박하여 송사(訟事)가 많지 않고, 물질이 풍부하며, 토지가 비옥하고 물이 좋으며, 기후는 온화하다. 경내

---

2) 《東坡全集》卷七十四

(境內)의 서호(西湖)는 풍경이 더욱 아름다워 항주(杭州)의 서호(西湖)와 서로 비견할 수 있을 정도이다. 구양수는 영주로 온 이튿날 서호가로 가 연(蓮)과 황양목(黃楊木)을 심으면서 친구에게 보낼 시 한 수를 구상하였다.

> 잔잔한 물결의 십경이나 되는 서호는 푸른 유리거울 같은데
> 사방이 맑은 그늘이 잠시 합쳐질 때
> 버들개지는 봄을 벌써 멀리 데려가고
> 해당화는 늦게 온 날 원망하는 구나.
> 새들은 사람이 말하듯 울고 있는데
> 밝은 달 아래 한가로이 거룻배 타고 따르네.
> 제일 멋지고 놀만한 곳에 이를 때마다
> 그대와 함께 향기 나는 술 잔 기울이던 추억 생각나네.

平湖十頃碧琉璃　　　四面淸陰乍合時
柳絮已將春去遠　　　海棠應恨我來遲
啼禽似與遊人語　　　明月閑撐野艇隨
每到最佳堪樂處　　　却思君共把芳卮3)

[1] 碧琉璃(벽유리): 푸른 유리거울 [역자 주]
[2] 野艇(야정): 시골배. 거룻배 [역자 주]
[3] 卮(치) : 술잔 [역자 주]

그는 안수가 정리해 놓은 서계(西溪)위에다 세 개의 작은 다리를 놓았다. 이들 다리는 그로 하여금 양주를 떠올리게 하였고, 심지어

---

3) <初至潁州西湖種瑞蓮黃楊寄淮南轉運呂度支發運許主客>, 《歐陽修詩文校箋·居士集》卷十一

서호의 푸른 물결이 양주의 산수보다 더욱 아름답다고 느껴서 다음과 같이 읊었다.

연꽃 향이 맑게 퍼지고 그림 같은 배는 물 위에 떠 있으니
내가 다시 양주를 기억하지 않게 하는 건 아니겠지?
이십사교 위의 떠있는 달을
모두들 십경이나 되는 서호의 가을과 바꾸려하네.

菡萏香清畫舸浮　　　使君寧復憶揚州
都將二十四橋月　　　換得西湖十頃秋4)

[1] 菡萏(함답): 연꽃.
[2] 君(군): 구양수 자신을 가리킨다.
[3] 寧(녕): 설마 …… 않는 건 아니겠지?
[4] 二十四橋(이십사교): 수(隋)나라때 놓은 다리 이름. 문인들에게 많이 읊어졌다.

그러나 안타깝게도 눈병은 늘 그를 괴롭혔고, 그가 흥을 다해 이 아름다운 풍광(風光)을 음미할 수 없게 하였다. 그래서 그는 "걸으면서 눈곱을 닦는데 사물이 빙빙 돌아 보이고, 앉아서 누각을 보니 오르기 전에 걱정이 앞서네."(行揩眼眵旋看物, 坐見樓閣先愁登.)5)라 하였다.

이 해 2월 동경의 허기진 백성들이 폭동을 일으켰고, 서부 전선에서는 요하(遼夏)와 전쟁이 시작되었다. 구양수는 예부낭중(禮部郞中)6)

---

4) <西湖戱作示同遊者>, 《歐陽修詩文校箋·居士集》卷十二
5) <伏日贈徐焦二生>, 《歐陽修詩文校箋·居士集》卷四

으로 승진하였다. 황우(皇祐) 2년(1050) 구양수의 관직은 지응천부(知應天府) 겸 남경유수사사(南京留守司事)로 바뀌었다.7) 그는 가을 더위 속에 영수를 거슬러 올라갔는데, 진주(陳州)를 지나서 상구(商丘)에 부임했다. 도중에 친구에게 쓴 편지에서 계구(界溝)를 지나면서부터 지대가 낮고 척박하여 뽕나무나 산뽕나무가 생기가 없는 것을 보고는, 영주가 정말로 좋은 곳임을 느끼게 되어 그리워하게 한다고 쓰고 있다. 이후에 그는 영주를 그리워하는 십여 편의 "사영시"(思潁詩)를 썼고, 아울러 장차 퇴임하고 나서 함께 영주 와서 살자고 매요신과 약속하여 "맑은 영수 위에다 논밭을 사서, 그대와 함께 호미와 쟁기 잡고 김매고 밭 갈련다."(行當買田淸潁上, 與子相伴把鋤犁.)8)고 하였다.

저주로의 폄적, 양주태수(揚州太守), 영주지주(潁州知州)에서 남경유수(南京留守)에 이르기 까지 10년 가까이 그의 친구 윤수·소순흠·범중엄 등은 모두 잇달아 세상을 떠났다. 구양수는 비통함을 안고 그들을 위해 묘지(墓誌)와 제문(祭文)을 썼다. 황우 4년(1052) 구양수의 모친이 병으로 세상을 떠났다. 그는 상복을 입고 영주로 돌아왔고, 이듬해 영구(靈柩)를 모시고 길주로 돌아와 매장하였다.

구양수가 이 시기에 쓴 시 가운데 중요한 작품으로는 <희우(喜

---

6) 禮部郎中(예부낭중): 예부의 최고 책임자인 상서(尙書), 시랑(侍郞) 아래의 고급 관원으로 예부 관원들의 직무에 관한 사무를 맡았다. 구양수의 이 경우는 직함만 있고 예부에 가서 일을 볼 필요는 없는 것이다..
7) 應天府는 宋代에 지금의 河南省 商丘에 설치되어 있었고, 南京은 지금의 河南省 商丘를 가리킨다.[역자 주]
8) <寄聖兪>, 《歐陽修詩文校箋·居士集》 卷五

雨)>・<송장동추관부영흥경략사(送張洞推官赴永興經略司)>・<기생괴(寄生槐)>・<봉답자화학사안무강남견기지작(奉答子華學士安撫江南見寄之作)>・<앵무라(鸚鵡螺)>・<식조민(食糟民)>・<여산고증동년류중윤귀남강(廬山高會同年劉中允歸南康)> 등이 있다. <식조민>9)은 농민의 고통스런 생활을 반영하고, 시인의 불안한 심리를 표현하였다.

농사에 찰벼 심으면 관가에서 술을 빚는데 써버리고
되와 말로 술을 팔아도 터럭만큼의 이익도 다 차지해 버리네.
술을 팔아 돈을 벌지만 술지게미는 버리는 물건이라
관청에선 해지나면 무더기로 쌓여 썩으려 하네.
물 끓듯 부글부글 술 익는 소리 나면
동풍이 불어와서 술독 향기 흩날리네.
술항아리 술병이 겹겹이 쌓였으니
다 맛보지 못할까 걱정되네.
관청에서 파는 술은 맛이 진하고 마을에서 파는 술은 묽은데
매일 관의 술만 마시니 정말로 즐겁겠구나.
밭에는 찰벼 심는 사람 보이지 않고
가마솥엔 겨울과 봄 넘길 죽도 없다네.
술지게미 사먹으려 관가로 되돌아가니
관리들은 술지게미 나눠주는 걸 베푼다고 여기네.
아! 저 관리라는 사람들은
그 직분이 백성들을 거느리는 것이라 말하네.
입고 먹는 것을 위해 누에치고 논밭도 갈지 않으면서
배우는 것은 의로움과 어짐이라 하네.
인은 사람을 보살피는 것이고 의는 합당하게 하는 것이니
하소연은 위 사람에게 전달되어 시행토록 해야 하는데

---

9) 《歐陽修詩文校箋・居士集》卷四

위로는 나라의 이로움을 넓히지 못하고
아래로는 백성들 허기를 채워주지 못하는 구나.
나는 술을 마시고
저들은 술지게미 먹고 있네!
저들이 비록 나를 나무라지 않는다 해도
나는 책임 어찌 어떻게 벗으리.

田家種糯官釀酒	榷利秋毫升與斗
酒沽得錢糟弃物	大屋經年堆欲朽
酒酤嘈漕如沸湯	東風來吹酒瓮香
累累罌與瓶	惟恐不得嘗
官沽味醲村酒薄	日飲官酒誠可樂
不見田中種糯人	釜無糜粥度冬春
還來就官買糟食	官吏散糟以爲德
嗟彼官吏者	其職称長民
衣食不蠶耕	所學義與仁
仁當養人義适宜	言可聞達力可施
上不能寬國之利	下不能飽爾之飢
我飲酒	爾食糟
爾雖不我責	我責何由逃

[1] 酒酤嘈漕(주배참작): 술을 거를 때 나는 소리
[2] 罌(앵): 중간 부분은 크고 아가리는 작은 주기
[3] 聞達(문달): 여기에서는 조정에 상달한다는 의미이다.
[4] 力可施(역가시): 일을 처리할 수 있는 권력이 있다는 의미이다.

관가에서는 농민들에게서 찹쌀을 징수하여 사람들에게 술을 담그게 하고, 또 술 판매를 전매하여 두루 많은 이익을 챙긴다. 얼마 되

지 않는 이득을 따져보니 조금도 남는 게 없다. 관리들은 온종일 술 마시고 즐기면서 술지게미를 찌그러진 집에다 버려둔다. 찰벼 심은 농민은 겨울과 봄엔 쌀이 없어 밥도 짓지 못하고 묽은 죽조차도 먹지 못하여 하는 수 없이 관가를 찾아가 사정하여서 술지게미를 사와 허기를 채운다. 관리들은 술지게미를 농민들에게 팔아놓고는 스스로는 좋은 일을 했다고 여긴다. 그들의 행위가 그들이 배운 인의(仁義)와 십만 팔 천리의 거리만 떨어져 있겠는가! 구양수는 대비적 수법을 사용하여 관가의 백성에 대한 착취와 관원과 백성 사이의 첨예한 대립을 폭로하여 불합리한 사회현실에 대해 강력한 채찍질을 하였다. 시 전체에는 서사도 있고 서정도 있으며 의론도 있고 자책(自責)도 있다. 7언과 5언 그리고 3언을 사이에 섞었고, 연달아 7, 8운을 바꾸었다. 진실하고 절실하고 생동적이며, 평이하면서 깊이가 있다. 구양수 시 가운데 이것은 비교적 높은 현실주의적 가치가 있는 좋은 작품이다.

<여산고증동년류중윤귀남강(廬山高贈同年劉中允歸南康)>[10]은 작자가 상당히 자신있어 하는 장편 서정시이다.

> 여산은 높디높으니 몇 천 길은 되겠구나.
> 산기슭은 몇 백리나 되는데,
> 장강 위에 우뚝 서있네.
> 장강은 서쪽에서 흘러와 그 아래로 흘러가고,
> 이 양란호와 좌려호를 이룬다.

---

10) 《歐陽修詩文校箋・居士集》卷五

큰 물 파도 거대한 물결이 밤낮으로 서로 찧으며 부딪히지.
구름 사라지고 바람 그치니 물은 거울처럼 맑은데
배를 정박해두고 강가에 올라 먼 곳을 바라보니
위로는 푸른 하늘 비빌 듯 높은 산은 운기로 어둑어둑하고
아래로는 대지의 광활함을 누르고 있었네.
시험 삼아 그 가운데로 가서
나무잡고 돌 비탈길 오르며 아득히 깊은 계곡 엿보니
온갖 형상의 바위와 개울에는 소나무와 느릅나무에서 바람소리 울리고
절벽에 걸린 큰 바위에선 날 듯한 폭포수 떨어졌지
물소리 우르릉거리며 사람 귀를 어지럽히니
유월에 휘날리는 눈처럼 돌다리에 솟아져 내리었네.
도사와 스님도 자주 만나지만
나는 늘 그들의 허황된 배움과 난잡한 말들을 싫어하였네.
그저 보이는 것이라곤 붉게 타는 노을과 푸른 절벽 배경으로 멀거나
가까운 곳에 보이는 절의 누각에 비치는 햇빛 뿐이었는데,
새벽 종소리 저녁 북소리에 불사의 깃발 아득하였지.
그윽한 향기의 꽃과 들풀은 그 이름 모르겠지만,
이슬 촉촉이 내리고 바람 불어 시내와 골짜기에 향기 가득하면
때때로 흰 학이 짝을 이루어 날아왔네.
그윽한 곳 찾느라 멀리 갔지만 다할 수 없어
곧 세상 버리고 세속의 복잡한 일 그만 두고 싶네.
논밭 구하여 그 아래 집짓고 늙어 가면서
모심고 이랑 채우고 술 빚어 항아리 채우며 사는 그대가 부럽네.
떠 있는 산 기운과 포근한 노을 온갖 모습으로 변하도록
앉으나 누우나 늘 창문을 통해 마주하네.
그대가 비범한 성품 지닌 것은 지극한 보배 지닌 듯하나
세속은 돌과 옥을 가려낼 줄 모르네.
관리의 명부에 이름 올리고 관리가 된 지 스무 해 동안
낮은 벼슬에 백발 되도록 한 곳의 현령으로 애를 썼구려.

황제의 총애와 명리도 그대를 구차하고 비굴하게 할 수 없었으니
본래부터 푸른 구름과 흰 돌에 깊은 취미 없었다면
욱하는 기질 어떻게 꺾일 수 있었으리요?
사나이 곧센 절개 그대 같은 이 적으니
　아아! 내가 하고 싶은 말은 어찌하면 장대 같은 큰 붓 얻을 수 있을까 하는 것이오.

廬山高哉幾千仞兮　　根盤幾百里　　　　巉然屹立乎長江
長江西來走其下　　　是爲揚瀾左蠡兮　　洪濤巨浪日夕相舂撞
雲消風止水鏡淨　　　泊舟登岸而遠望兮　上摩靑蒼以暗靄　　下壓后土之鴻厖
試往造乎其間兮　　　攀緣石磴窺空谾
千巖萬壑響松檜　　　懸巖巨石飛流淙
水聲聒聒亂人耳　　　六月飛雪酒石矼
仙翁釋子亦往往而逢兮　吾嘗惡其學幻而言哤
但見丹霞翠壁遠近映樓閣　晨鍾暮鼓杳羅幡幢
幽花野草不知其名兮　風吹露濕香澗谷　　時有白鶴飛來雙
幽尋遠去不可極　　　便欲絶世遭紛哤
羡君買田筑室老其下　插身盈疇兮釀酒盈缸
欲充浮嵐曖翠千萬狀　坐臥常對乎軒窓
君懷磊砢有至宝　　　世俗不辨珉與玒
策名爲吏二十載　　　靑衫白首困一邦
寵榮聲利不可以苟屈兮　自非靑云白石有深趣　其氣兀硉何由降
丈夫壯節似君少　　　嗟我欲說安得巨筆如長杠

[1] 揚瀾左蠡(양란좌려): 모두 물이름이다. 양란호(揚瀾湖)는 여산의 아래 파양호(鄱陽湖)의 가운데 지점에 있다. 파양호는 옛날에 조려호 라고도 불렸다. 좌려는 좌리(左里)라고도 하며 지금의 강서성 도창현(道昌縣) 서북쪽 좌려산(左蠡山) 아래에 있다.

[2] 后土(후토): 토지를 관장하는 신. 여기에서는 대지(大地)를 가리킨다.

[3] 鴻厖(홍방): 크고 두텁다.

[4] 谾谾(공홍): 휑하니 넓고 깊은 계곡.
[5] 石矼(석강): 돌다리.
[6] 仙翁釋子(선옹석자): 도사와 스님
[7] 言哤(언방): 언어가 복잡하고 어지럽다. 여기에서는 불교와 도교의 교리가 허망하고 혼란스러움을 가리킨다.
[8] 幡幢(번당): 깃발 종류. 여기에서는 불교와 도교 사찰 안의 깃발을 가리킨다.
[9] 紛痝(분망): 혼란스럽다. 병으로 고생하다는 의미 인데, 여기에서는 세속의 번뇌를 가리킨다.
[10] 磊砢(뢰가): 돌의 모양이 기이하고 특이하다. 여기에서는 재주가 비범함을 말한다.
[11] 珉與玒(민여강): 민(珉)은 옥 같으면서 옥은 아닌 아름다운 돌이다. 강(玒)은 옥 이름이다.
[12] 兀硉(올률): 바위가 우뚝 솟아 평탄하지 않다는 의미인데, 여기에서는 의지와 기개가 평정(平靜)하기 어려움을 말한다.

　여산은 역대로 시인이 많이 읊던 제재이다. 구양수는 여산의 웅대한 자태와 변화하는 모습에 대한 묘사 및 친구들이 재주를 품고 있으나 때를 만나지 못한 데 대한 감개를 통하여 마음속의 불평스런 심정을 털어놓고, 자신의 구속받지 않는 드높고 호방한 감정을 드러내었다. 구양수는 편지에서 이 시를 쓴 일에 대해 매요신에게 알려 준 적이 있지만, 이 시의 원고를 부치지는 않았다. 훗날 매요신이 구양수의 또 다른 한 친구인 곽상정(郭祥正, 자는 功甫)에게 물었을 때, 곽상정은 이미 이 시를 받았기 때문에 그 자리에서 곧바로 읊어서 매요신에게 들려주었다. 매요신은 무릎을 손으로 치며 찬탄하면서 "나 더러 다시 삼십년 동안 시를 지으라고 해도 …… 그 가운데 한

구(句)도 말해낼 수 없겠다."(使吾更作詩三十年, 亦不能道其中一句)고 하였다. 곽상정이 또 차례 읊으니, 매요신은 심취한 것조차도 느끼지 못하였다. 두 사람은 곧 술을 꺼내어 마시면서 읊조렸다. 모두 십여 번 읊조리고는 한마디도 하지 않고 헤어졌다. 뒷날 매요신이 곽상정에게 또 시 한 수를 선사하여 "<여산고>를 한 차례 읊조리니 온갖 경치가 떠오르네. …… 설령 옛 화가가 정성을 다한다 하더라도 더 이상 상세할 수가 없겠네."(一誦廬山高, 萬景不得藏. 設令古畵師, 極意未能詳.)11) 라고 하였다.

매요신은 구양수와 오랫동안의 교류와 우정이 있기 때문에 구양수의 사람 됨됨이를 잘 알고 있을 뿐만 아니라, 시가 창작에 대해서도 대단히 탄복하였다.

---

11) <依韻和郭詳正秘校遇雨宿昭亭見懷>,《宛陵集》卷四十三

제10장 가우(嘉祐) 2년 지공거(知貢舉)가 되다

지화(至和) 원년(1054) 6월 구양수는 상복을 벗고 경성으로 왔다. 인종은 10년 전의 경력 신정에 참가 하였던 이 신하가 이미 귀밑머리가 성기고 희끗희끗한 것을 보고 측은한 마음이 들었다. 이 해 9월 구양수는 한림학사(翰林學士)[1] 겸 사관수찬(史館修撰)[2]·차구당삼반원(差勾當三班院)[3]을 제수 받았고, 이듬해 또 한림시독학사(翰林侍讀學士)·집현전수찬(集賢殿修撰)[4]으로 올랐다.

---

1) 翰林學士(한림학사): 황제의 시종고문인데, 제(制)·고(誥)·조(詔)·령(令)도 초안하며, 정 3품이다. 송대에는 한림학사원(翰林學士院)에 학사를 두었는데, 보통 6-7명이며 궁궐에서 근무 대기한다. 이들 가운데 황제의 독서와 강서(講書)를 겸하는 사람을 한림시독학사(翰林侍讀學士)·대강학사(待講學士)라 불렀다.
2) 史館修撰(사관수찬): 사관의 명칭이며, 국사(國史) 수찬(修撰)을 담당한다.
3) 差勾當三班院(차구당삼반원): 차(差)는 파견하다의 의미이고, 구당(勾當)은 삼반원(三班院)의 책임 관원을 말한다. 삼반원은 동반(東班)·서반(西班)·횡반(橫班) 등 무신시종 공급 관공서이다.
4) 集賢殿修撰(집현전수찬): 집현전(集賢殿)은 집현원(集賢院)이라고도 하고, 수찬(修撰)은 일실된 책을 찾아내거나 경서를 간행 편집하는 일을 책임진다.

이로부터 그는 떠돌아 옮겨 다니는 죄지은 관리에서 황제를 가까이 모시는 총애 받는 신하로 변하였다. 그는 대의(對衣)를 입고, 금으로 된 허리띠를 매고, 은으로 도금된 말안장과 고삐가 장착된 준마에 올라 궁정 근무에 참가하였다.

이른 아침 당번이 바뀌고 아홉 개의 문이 열리면
유유히 황궁의 길 바라보며 말을 몰고 간다.
서리 내린 누대에는 훤한 새벽 해가 걸려 있고
날이 차니 안개가 궁 안의 회화나무에 달려 있네.
산림으로 가지 않고 오히려 총애를 탐내니
술잔 채우고 어느 때 함께 회포 풀까?
벌써 스산함을 느끼며 저물어 가는 한해를 서러워하고
쇠약하고 병들어 목욕재계 하는 것 두려워함을 더욱 안타까워하네.

凌晨更直九門開　　驅馬悠悠望禁街
霜後樓台明曉日　　天寒烟霧著宮櫰
山林未去猶貪寵　　罇酒何時共放懷
已覺蕭條悲晚歲　　更憐衰病怯淸齋5)

[1] 櫰(회): 느티나무의 일종으로 잎이 크고 검다.
[2] 淸齋(청재): 제사나 의식을 거행하기 전에 몸을 깨끗이 하여 경건함을 표하다.

황제를 모시고 총애 받는 신하의 이러한 생활에 대하여 구양수는 결코 연연해하지 않았다. 특히 사륙문으로 조정의 문서를 초안하는

---

5) <內直晨出便赴奉慈齋宮馬上口占>, 《歐陽修詩文校箋・居士集》 卷十二

한림(翰林) 직무에 대하여 많은 반감을 가지고 있었다. 이리하여 그는 인종에게 부필(富弼)을 재상으로 추천하는 한편, 자신은 채주(蔡州)로 외근하게 해달라고 청하였다. 이때 마침 요(遼)의 흥종(興宗)인 야율종진(耶律宗眞)이 병으로 세상을 떠나자, 아들인 야율홍기(耶律洪基: 遼 仁宗)가 등극하니 구양수는 곧 축하사절에 임명되어 거란으로 가게 되었다.

가우(嘉祐) 원년 (1056) 봄 구양수는 거란에서 돌아왔고, 여름이 끝나갈 무렵 매요신도 남방에서 경성으로 왔다. 구양수는 소식을 듣고 경성의 동쪽에 있는 잠하(灊河)로 가서 맞이하였다. 매요신은 감동하여 다음과 같은 시를 썼다.

　　　　세상 사람들은 권력자는 중시하나 친구는 중시하지 않지만
　　　　친구 중시하는 사람으로 지금 구양공을 보았네.
　　　　어제 아침 내가 도성의 문 들어오는 것 기뻐하여
　　　　높은 수레 타고 강가에 와서 배안까지 들어 왔네.
　　　　나보다 더 낮게 허리 굽혀 인사하니
　　　　말 모는 마부들 살며시 소리 낮춰 소근 거린다.
　　　　'우리 나리 명성이 조정을 압도하는데,
　　　　어찌하여 저 늙은 영감에게 후한 예의 갖출까' 라고
　　　　…… 후략 ……

　　　　世人重貴不重舊　　重舊今見歐陽公
　　　　昨朝喜我都門入　　高車臨岸進船逢
　　　　俯躬拜我禮愈下　　騶徒竊語音微通
　　　　我公聲名壓朝右　　何厚於此瘦老翁[6]
　　　　…… 後略 ……

구양수도 시를 써서 답하면서 매요신에 대한 존경과 소중함을 나타내었다. 윤수·범중엄·석연년·소순이 세상을 떠난 뒤로 구양수는 매요신과의 우정을 더욱 소중히 여겼다. 매요신이 곤궁한 처지에서 벗어나게 하기 위하여, 구양수는 그를 추천하여 국자감직강(國子監直講)7)이 되었다. 이 때에 구양수에게 추천을 받은 사람으로는 왕안석(王安石: 1021-1086)·포증(包拯: 999-1062)·호원(胡瑗: 993-1059)·여공저(呂公著: 1018-1089) 등이 있다.

왕안석은 증공에게서 일찌감치 자신에 대한 구양수의 호의를 듣고 있었으나, 지화(至和)년간 말, 가우(嘉祐)년간 초에야 비로소 구양수를 배알하였다. 구양수는 그가 머뭇거리며 늦게 온 것에 대해 결코 개의치 않고, 곧바로 신발을 거꾸로 신고 나와 맞으니, 뭇 빈객들도 감동적으로 바라보았다. 이후 구양수와 왕안석 둘 사이에는 시문(詩文)이 오가고, 서신이 끊이지 않았다. 구양수의 <증왕개보(贈王介甫)>8)에서는 다음과 같이 쓰고 있다.

> 이백의 시는 삼천 수나 되고
> 한유의 문장은 이 백 년이나 묻혀 있었네.
> 늙어가면서 젊을 때 먹은 마음이 그대로임을 스스로 안타까워하였지만
> 뒷날 누가 그대와 앞을 다투겠는가?
> 고관들의 집에선 노래와 춤이 새로운 모습을 다투는데

---

6) <高車再過謝永叔內翰>, 《宛陵集》卷四十八
7) 國子監直講(국자감직강): 국자직강(國子直講) 혹은 국학직강(國學直講)이라고도 하며, 5품 관원이다. 국자감 학생들에게 경술(經術)을 가르치고, 진사 가운데 경성의 관리로 뽑힌 사람으로 충당한다. 매요신은 황우 3년 하사된 동진사(同進事) 출신이다.
8) 《歐陽修詩文校箋·居士外集》卷七

거문고에 쌓인 먼지 털고 거문고 줄 튕겨본다.
이름은 나 있으나 서로 알지 못함을 늘 한스러워 하며
서로 만나 술잔 기울이건만 어찌 머물러 있지 못하는가?

翰林風月三千首　　吏部文章二百年
老去自憐心尙在　　後來誰與子爭先
朱門歌舞爭新態　　綠綺塵埃試拂弦
常恨聞名不相識　　相逢樽酒盍留連

[1] 朱門(주문): 지위(地位)가 높은 벼슬아치의 집을 비유(比喩)해서 이르는 말
[2] 綠綺(녹기): 옛날의 거문고 이름

"한림풍월"(翰林風月)은 이백(李白: 701-762)의 시가를 가리킨다. 구양수가 어릴 때 암송하고 배운 적이 있는 《운대편(雲臺編)》9)에 이백의 "거나하게 마셔서 크게 취하여도 3천 수의 시를 짓는다."(高吟大醉三千首)는 명구(名句)가 있다. "이부"(吏部)는 한유를 가리킨다. "한유와 맹교는 문학에 있어서, 둘의 역량이 서로 비견한다. …… 이 백년 동안 뛰어난 문사(文士)가 없다 보니, 지금까지 묻혀서 빛을 발휘하지 못했다."(韓孟於文詞, 兩雄力相當. …… 寂廖二百年, 至今埋無光.)10) 구양수는 이 때 나이 이미 쉰 살이었다. 그는 "평생에 품고 있던 바를 아직 조금 덜 이룬 것이 있어"(平生所懷, 有所未畢) 그 희망을 왕안석 등의 어깨에다 짊어지웠다. 권세가에게도 아부하지 않

---

9) 《雲臺編》: 당대 시인 鄭谷의 시집
10) <讀蟠桃詩寄子美>, 《雲臺編》

은 한림학사 구양수가 당시에 세상에 이름이 알려지지도 않았던 후배 젊은이에게 이렇게 진지하고 따뜻하게 대하는 것은 봉건시대에 보기 드문 일이다.

가우 2년(1057) 구양수는 예부시(禮部試)의 시험관인 지공거(知貢擧: 고시위원장에 해당함)가 되었다. 이번에 그와 함께 재능 있는 시골 선비를 뽑는 일을 책임진 사람으로는 한강(韓絳: 1012-1088)·범진(范鎭, 자는 景仁)·매지(梅摯, 자는 公儀)·왕규(王珪: 1142-1228, 자는 禹玉)가 있었다. 그들은 매요신을 소시관(小試官)이라고도 하는 참상관(參詳官)으로 천거하였다. 매요신은 나이 오십이 되어서야 비로소 제술과(製述科) 합격자 중 최하위인 동진사(同進士)를 하사받은 경우인데, 그때서야 시험관이 되었으니 구양수로 하여금 마음속의 감개를 표현하지 않을 수 없게 하였다. 그들은 과거시험장를 감독하는 여가에 서로 창화(唱和)하면서 많은 시를 썼다.

이때의 과거장에는 여전히 사육시문(四六時文)이 성행하고 있었다. 특히 경성(京城)의 국자감(國子監) 출신 응시생들은 보통 사륙문의 신기하고 괴벽한 언어사용을 추구하고, 전인(前人)들의 문구를 끌어와서 시험을 잘 치르고자 하였다. 그래서 사람들은 사륙시문을 "태학체"(太學體) 문장이라 부른다. 바로 "태학체"의 사륙문은 과거시험에서 합격을 거의 독점하였기 때문에 문단 전체의 분위기에 결정적인 영향을 미쳤다. 구양수와 그의 선배 그리고 동년배가 이미 이러한 문풍을 반대하기 위하여 많은 노력을 기울였지만, 안타깝게도 모두 그리 큰 효과를 거두지는 못하였다. 이번에 구양수는 자신의 고문

창작 영역에서의 명망과 인재를 선발하는 권한으로써 오랫동안 과거 시험장에 쌓여 있던 폐단을 통렬하게 개혁하여, 문풍을 쇄신하고자 결심하였다. 그는 경성의 권세가와 불성실하고 경박한 자제들이 "태학체" 문장의 지지자이기 때문에 문장의 폐단을 바로잡는 데 위험이 매우 크다는 것을 알고 있었다. 그래도 모든 것을 접어두고서 시험장의 기율을 엄격하게 적용하고, 응시하는 문장 중에 비교적 실용적인 산문을 합격시키겠노라고 제창함과 아울러 문장을 평가하는 기준을 명확히 규정하여, 험괴하고 난해하며, 내용은 없고 표현만 번지르르한 문장을 강력하게 내쳤다. 당시에 험하고 괴상한 문장을 쓰기를 좋아하는 선비(劉幾를 가리킴)가 시험지에다 공허한 내용의 글을 쓴 다음 "천지가 삐걱거리며 움직이니 만물이 싹트고 성인이 나온다."(天地軋, 萬物茁, 聖人發)고 써 놓았다. 구양수는 그의 답안 글 뒤에다 "수재가 황당무계하여 시험관이 그어버렸다."(秀才剌, 試官刷)고 하고는 커다란 붓으로 붉은 색을 찍어서 가로로 한 줄 칠하고는 낙방시켜 버렸다. 또 다른 응시생의 논문 <형상충후지지론(刑賞忠厚之至論)>은 거침이 없고 시원스러우며 웅대하면서도 소박하게 씌어졌는데, 《맹자(孟子)》의 분위기가 물씬 풍겼다. 매요신은 1등으로 뽑자고 건의하였지만, 구양수는 같은 고향의 문하생인 증공인줄 알고 다른 사람의 구설수에 오르는 것을 피하기 위해 2등으로 하였다. 뒷날 알고 보니 이 응시생은 증공이 아니라 소식이었다. 이때 증공과 소식의 동생 소철 등도 합격하였다.

이들 사륙문을 쓴 명사들은 대부분 낙방하였다. 그들은 마음속의

원을 품고 보복할 기회를 노렸다. 어느 날 아침, 구양수가 조회에 참가하기 위해 대로를 지나가는데, 이들 무리들이 갑자기 달려들더니 말머리를 가로막으며 시끌벅적하게 원망하고 비방하니, 거리에서 순찰을 돌던 병졸들도 제지하기 어려웠다. 심지어 어떤 사람은 제문을 써서 구양수의 집에다 보내어 그가 죽어 마땅하다고 저주하였다.

이런 상황 아래에서 소식 형제의 나날도 순탄하기는 어려웠다. 소식(蘇軾: 1037-1101)은 자가 자첨(子瞻)이고, 미주 미산(眉州眉山: 지금의 사천성 眉山) 사람이다. 그는 진사에 합격하고 어떠한 뒷문도 통하지 않고 오로지 행운유수 같이 쓴 자신의 고문에 의지하여 앞길을 개척하였다. 그는 뒷날 구양수의 인도 아래 쉼 없이 꿋꿋하게 산문 창작에 힘을 쏟아 빛나는 성취를 거두었다. 소철(蘇轍: 1039-1112)은 자가 자유(子由)이고, 재능은 비록 그의 형에 미치지는 못하나 직언하고 과감히 간언(諫言)하였다. 그가 쓴 책론(策論)은 특히 논리가 명쾌하고 사리에 딱 들어맞는다. 소식과 소철의 아버지 소순(蘇洵: 1009-1066)은 자가 명윤(明允)이고, 스물 아홉에야 비로소 발분(發憤) 독서하였다. 그는 두 차례 시험에서 합격하지 못하자 머리를 파묻고 육경(六經)과 제자백가서(諸子百家書)를 깊이 궁구하였다. 이번에 두 아들을 데리고 경성으로 와서야 구양수를 배알하였다. 구양수는 가의(賈誼: BC200-BC168)나 유향(劉向) 같은 그의 의론 문장을 칭찬하였고, 그를 대신하여 명성을 떨쳐주었다. 훗날 또 <천포의소순장(薦布衣蘇洵狀)>을 써주었고, 소순은 이로써 명성을 날리게 되었다.

일부 사대부가 구양수를 어떻게 저주하던 간에, 이번의 인재 선발은 역시 사륙시문을 매섭게 격퇴시키고, "경력신정" 때 제기한 과거 시험 개혁의 임무를 어느 정도 실현하였다. 그 후로 과거 시험장의 풍습은 확실하게 바뀌어, 사람들이 앞 다투어 한대(漢代)와 당대(唐代)의 고문을 소리내어 읽기 시작하게 되니, 한유의 문집이 또다시 빛을 발하게 되었다. 구양수는 소중하게 보관하고 있던 구본(舊本) 한유 문집을 꺼내어 그것의 내력과 운명을 떠올리고는 문집 뒤에다 다음과 같이 썼다.

한유의 문장이 묻히어 보이지 않은 지가 이 백년이 지난 오늘에야 크게 성행한다. 이것 또한 세상 사람들이 좋아하고 싫어함에서 결정되었을 뿐만 아니라 대개 오래될수록 더욱 빛이 나고 닳아서 없어질 수 없었기 때문일 터이니 비록 잠시 동안 가려져 있었으나, 마침내 끝없는 시간동안 빛나는 것은 그것의 도가 마땅히 그러하기 때문이다. 내가 처음 한유의 문집을 얻었던 것은 그것이 깊숙이 묻혀서 버려지고 너덜너덜 해진 때였다. 나는 원래부터 한유의 문장은 시대가 좋아하는 바를 추구하고 권세와 이득을 취하기에는 부족하다는 것을 알고 있었다. 이러함에도 그것에 가까이 다가가서 배웠다면, 내가 행한 것이 어찌 명예를 얻기에 급급하고 권세와 이득을 구하려는 데 쓰고자 함이었겠는가? 역시 포부를 장구하고 먼 곳에 두었기 때문일 따름이다. 그래서 나는 벼슬길로 나아가 승진하였을 때에도 기뻐하지 않았고 좌천되었을 때에도 두려워하지 않은 것은 모름지기 그 뜻이 먼저 정해지고 배운 바가 마땅히 그러하였기 때문이다.
(韓氏之文沒而不見者二百年, 而後大施於今. 此又非特好惡之所上下, 蓋其久而愈明, 不可磨滅, 雖蔽于暫而終耀于無窮者, 其道當然也.予之始得於韓也, 當其沈沒棄廢之時. 予固知其不足以追時好而取勢利. 於是就而學之, 則予之所爲者, 豈所以急名譽而干勢利之用哉? 亦志乎久而已矣.故予之仕, 於進不爲喜, 退不爲懼者, 蓋其志先定而所學者宜然也.)11)

당(唐) 목종(穆宗) 장경(長慶) 4년 한유가 세상을 떠나고부터 송 인종 천성(天聖: 1023-1031)초까지 한유의 문장이 사람들에게 냉대를 받았는데, 이 기간이 공교롭게도 200년 가량이다. 구양수가 한유의 문장을 공부하기 시작하고 과거에서 두 차례 낙방한 것이 천성 초년의 일이다. 그때부터 가우 2년(1057)까지 구양수는 17세의 소년에서 이미 50세의 노인으로 변해 있었다. 그 낙수 물가에서부터 영수의 강가에까지, 황우협 어귀에서 낭야산 기슭까지, 그는 시종 한유의 문장을 학습의 모범으로 삼아 수시로 연구하고 학습하였다. 그는 시속(時俗)이 좋아하는 바를 추구하지 않고, 권세와 이득을 쫓지 않으며, 명예에 급급해하지 않는 숭고한 포부를 가지고 있어야 비로소 관료세계의 승진과 좌천 가운데에서도 "승진하였다고 해서 기뻐하지 않고 좌천되었다고 해서 두려워하지 않는다."(進不爲喜, 退不爲懼)는 진리를 굳게 믿었기 때문에 꿋꿋이 쉬지 않고 고문운동의 승리를 위하여 분투할 수 있었다.

구양수가 일군의 우수한 산문작가, 특히 소순·소식·소철·왕안석·증공 등을 격려하고 끌어주고, 추천하고 발탁하였기 때문에 그가 창도한 고문운동이 활발히 발전하여서 마침내 웅장하고 커다란 기세로써 형식주의 문학의 역류를 바꾸어 놓았고, 그 자신도 문단에서 공인하는 영수가 되었다.

---

11) <記舊本韓文後>, 《歐陽修詩文校箋·居士外集》卷二十三

제11장 변성(汴城)의 가을 소리

일찍이 이릉에 귀양 갔을 때, 구양수는 역사 저작인《오대사기(五代史記)》, 즉 《신오대사(新五代史)》를 편찬하기 시작하였다. 지화 원년에 사관수찬(史官修撰)에 임명된 이후부터는 또《신당서(新唐書)》를 편찬하는 임무를 맡게 되었다. 얼마 안 있어 매요신도 명을 받아 이 작업에 참가하였다. 그들은 곧 함께 당사국(唐史局)에서 온종일 머리를 파묻고 집필하였다. 무겁고 힘든 서적 편찬 업무는 그들의 건강을 해쳤다. 훗날《신당서》편찬이 아직 끝이 나지도 않았는데, 매요신은 이미 병에 걸려 세상을 떠났다. 구양수는 슬픔을 참아가며 <곡성유(哭聖兪)>·<매성유묘지명(梅聖兪墓誌銘)>·<제매성유문(祭梅聖兪文)> 등을 썼다. 그리고 매요신의 유고(遺稿) 천편을 15권으로 정리하여《완릉집(宛陵集)》에다 편입시켰다. 또 매요신의 부인과 자식을 위해 모금을 하는 등 그들을 힘 다해 위로하고 보살폈다.

가우 3년(1058) 구양수는《신당서》를 편수(編修)하는 동시에 포증(包拯)을 이어 개봉지부(開封知府)를 맡았다. 포증은 모든 정력을 쏟아 수도의 질서를 엄하게 바로 잡아서 많은 치적을 거두었다. 조정의 신임을 져버리지 않기 위해 구양수는 두 가지 무거운 짐을 지지 않을 수 없었다. 이때 여러 해 동안 앓아오던 눈병이 점점 더 깊어져 그를 괴롭히고 있었고, 게다가 아들 하나가 뜻밖에도 장티푸스에 걸렸다. 이 때문에 그는 계속해서 휴가를 내었고, 여러 차례 직무를 해지하여 달라고 청하였다. 이때 이공근(李公謹)이 마침 여주(廬州: 지금의 安徽省 合肥)의 부사산(浮槎山)에서 인편에 샘물을 보내 왔는데, 이것이 또 그의 그리움을 불러 일으켰다. 그는 산수의 즐거움은 대자연이 가난하고 보잘 것 없는 사람에게 주는 선물로, 돈 많고 권력 있는 사람들은 누리기 어려운 것이라고 느끼고 있는 것 같았다. 그는 곧 붓을 들어 <부사산수기(浮槎山水記)>를 썼다.

가우 4년(1059) 초여름에 구양수는 병을 앓고, 걱정이 많던 차에 지부(知府)의 직무를 벗게 해준다는 윤허를 얻게 되어, 성의 남쪽으로 가서 살게 되었다. 눈 깜짝 할 사이 이미 한여름이 되었고, 그는 병을 무릅쓰면서 유창(劉敞)이 보내 온 훌륭한 부(賦)를 읽고는 가까스로 이에 화답하여 한 편을 적었다. 그는 이 경성을 떠나 사방으로 두루 쫓아다닐 방법을 생각하였지만, 결과는 아무 곳에도 가지 못하게 되어, 하는 수 없이 "마음을 가라앉히고 근심을 삭히어"(冥心以息慮), "모진 괴로움 잊을 수 있게 되었다."(庶可忘於煩酷.)[1]

변성(汴城)의 혹독한 더위로 구양수는 잠시 창작을 멈추었다. 귀중한 시간을 낭비하지 않기 위하여 그는 소중하게 보관하고 있던 남당

---

1) <病署賦>, 《歐陽修詩文校箋·居士集》卷十五.

(南唐)시대의 벼루와 매요신이 선물한 선필(宣筆: 안휘성 涇縣에서 나오는 붓으로 정교하게 만들어짐)을 꺼내 팔의 통증을 참아가면서 탁자에 의지하여 글씨를 썼다. 구양수의 서예가 비록 채양과 소식에게는 미치지 못하지만, 많은 노력을 기울인데다 결국 그래도 고수(高手)임에랴. 그러나 그는 결코 스스로 만족하지 않고 고생을 참아가며 연습하였다. 심지어 붓을 휘두르는 것이 날아다니는 것 같아 손을 멈출 수 없을 때는, 천둥과 번개가 쳐도 돌아볼 겨를이 없었다. 쓴 글씨의 내용은 마음이 원하는 바를 따라 손 가는 대로 썼는데, 그 가운데 일부는 시와 문장에 관한 견해와 의론이었다. 훗날 소식 형제가 이런 부류의 단편적인 글을 보고는 극구 찬사를 보내어 "그의 아름다운 문장과 글씨 그리고 그림에 모두 자연스럽고 남의 추종을 불허하는 자태가 있다."(其文彩字畵, 皆有自然絶人之姿)고 하였다. 이것이 바로 구양수 문집 가운데 <필설(筆說)>과 <시필(試筆)>의 유래이기도 하다. <필설>과 <시필>이 비록 무심결에 터득하여 손가는 대로 쓴 것이기는 하지만, 대부분이 독립적으로 완결된 문장을 이루고 있는 소품(小品)이다. 일부 짧은 문장은 일을 서술하면서 그 속에 자신의 주장을 담고 있어, "논"(論)이라는 글자를 하나도 쓰지 않았어도 소박하고 생동적이며 주제가 선명하게 드러나 있다. 그 가운데 어떤 의론문은 깊이가 있고 정교한데, 이는 앞 사람들에게서 나타나지 않았던 점으로 구양수 문학이론과 비평의 중요한 구성부분을 이룬다.

어느 한 가을날 밤에 구양수는 <야문풍성유감봉정원부사인성유직

강(夜聞風聲有感奉呈原父舍人聖兪直講)>²⁾이라는 한 편의 장시(長詩)를 썼다.

> 한밤 되니 만물의 움직임이 멈추고
> 나뭇가지 끝에 이는 바람뿐이지만
> 싸늘하게 불어와 내 옷깃 날리니
> 일어나 앉아 길게 탄식하누나.
> 무더운 더위 그대 싫어하지 말고
> 막 서늘해졌다고 좋아하지 말게나.
> 더위는 사물에 있어서는 오히려 왕성하게 하는 것이고
> 서늘함은 한해가 곧 추워지게 하는 것이니.
> 맑은 이슬은 날아다니지 말게 하게나
> 차가운 이슬이 많아지니까.
> 이슬과 서리는 본래 정이 없는데
> 어찌 혜초와 난초를 편애하겠는가?
> 초목 뿐 만 아니라 그대 모습도 어찌 온전하겠는가?
> 머리 빗어보니 새로운 백발 났고
> 거울에 얼굴 비춰보니
> 지난날 붉은 빛깔은 사라져 버렸네.
> 바람과 먼지가 함께 침범하여 핍박하니
> 마음과 의지도 꺾이고 이지러지네.
> …… 후략 ……

> 夜半群動息　有風生樹端
> 颯然飄我衣　起坐爲長嘆
> 苦暑君勿厭　初涼君勿歡
> 暑在物猶盛　涼歸歲將寒

---

2) 《歐陽修詩文校箋・居士集》卷八

淸霜勿以飛　　零露亦溥溥
　　霜露本無情　　豈肯私蕙蘭
　　不獨草木爾　　君形安得完
　　櫛髮變新白　　鑒容銷故丹
　　風埃共侵迫　　心志亦摧殘
　　…… 後略 ……

　가을의 서늘함은 그에게 결코 즐거움을 가져다주지 않고, 오히려 깊은 슬픈 감정이 생기게 하였다. 그는 그해 나이 쉰에다 갖가지 병이 괴롭혀 눈이 흐릿하고 손이 떨리고, 왼쪽 어깨도 움직일 수 없었다. 우주 만물의 가을 소리는 그의 마음속의 가을 소리를 끌어내었는데, 그는 시가 마음속의 뜻을 다 담아내지 못한다고 여겨 또 아픈 어깨를 떠받치고 부(賦)를 지었다.

　　구양자가 밤에 책을 읽고 있는데 서남쪽에서 들려오는 소리를 듣고는, 섬뜩 귀를 기울이며 '이상하구나!'라고 한다. 처음에는 우두둑거리고 획획 하더니 갑자기 물결이 세차게 솟구치고 서로 부딪히는 것 같고, 마치 파도가 밤에 솟구쳤다 가라앉았다 하는 것 같으며, 갑자기 비바람이 들이닥치는 것 같다. 그것이 물건에 부딪치니 쨍그랑 쨍그랑 징과 병기가 모두 울리는 것 같다. 또 마치 적진으로 나가는 병사가 재갈을 물고 질주하면서 호령 소리는 듣지 못하고, 사람과 말이 달리는 소리만 듣는 듯하다. 나는 동자에게 '이게 무슨 소리냐? 네 나가 살펴 보거라.' 고 한다. 동자는 '별과 달이 훤히 빛나고 하늘엔 은하수가 걸려 있고 사방엔 인적이 없으며 소리는 나무 사이에서 납니다.'고 한다.
　　나는 '아, 슬프도다! 이것은 가을의 소리구나. 어찌하여 왔는가?'라고 한다. 저 가을의 모습이란, 그것의 색깔은 암담하여 안개는 날아가고 구름은 걷히며, 그것의 용모는 청명하여 하늘은 드높고 태양은 빛나며, 그것의 기운은 살이 저미도록 차가와 피부와 뼛속을 찌르고, 그것의 정취는 쓸쓸하여 산과 시내가 적막하고 조용하다. 그리하여 그 소리는 처량하고 애절하며 울부짖으며 분노하는 듯하다. 풍성한 풀들은 푸르러 무성함을 다투고, 아름다운 나무들이 울창하게 우거져 즐겁게 하였지만, 풀들은 가을 기운이 스쳐지나가자 색깔이 변하고, 나무는 가을을 만나자 잎이 떨어진다. 그것들이 꺾여서 시들고 말라 떨어지는 까닭은 바로 한 가을 기운이 남긴 위력 때문이다.

가을은 형관으로 때에 있어서는 음(陰)이고, 병기의 형상으로 오행에 있어서는 금(金)이다. 이는 천지간의 정의로운 기운이라 하겠으니, 항상 잔혹하게 시들고 마르게 하는 것을 본성으로 한다. 하늘은 만물에 대해 봄에는 나고 가을에는 열매 맺게 하기 때문에 그것이 음악에 있어서는 상성으로, 서방의 소리를 주관하고, 이칙(夷則)으로 칠월의 음률에 해당한다. 상(商)은 상(傷)의 뜻으로 만물이 이미 노쇠하므로 슬프고 마음 상(傷)하게 된다는 것이며, 이(夷)는 육(戮)의 뜻으로 만물이 성한 때를 지나니 마땅히 죽게 된다는 것이다.

'아! 초목이 감정이 없지만 바람에 흩날리어 떨어질 때가 있도다. 사람은 동물이지만 유일하게 동물 가운데 영혼이 있다. 온갖 근심이 그 마음에 느껴지고 만사가 그 육체를 수고롭게 하니, 마음속에 움직임이 있으면 반드시 그 정신을 흔든다. 그런데 하물며 그 힘이 미치지 못하는 것까지 생각하고 그 지혜로는 할 수 없는 것까지 근심함에야 반지르르한 윤기 나며 붉던 홍안이 마른 나무같이 되어버리고 새까맣던 머리가 백발이 성성하게 되어 버리는 것도 당연하다. 금석(金石)같은 바탕도 아닌 것이 어찌하여 초목과 더불어 번영을 다투려 하는가? 생각컨대 누가 저들을 죽이고 해(害)하며, 또 어찌 가을의 소리를 원망하는가?'

동자는 대답 없이 고개를 숙이고 자고 있다. 단지 사방 벽에서 벌레 우는 소리가 찌르륵 찌르륵 들릴 뿐인데, 마치 나의 탄식을 거드는 듯하다.

(歐陽子方夜讀書, 聞有聲自西南來者, 悚然而聽之, 曰:'異哉!' 初淅瀝以蕭颯, 忽奔騰而砰湃, 如波濤夜驚, 風雨驟至.其觸於物也, 鏦鏦錚錚, 金鐵皆鳴.又如赴敵之兵, 銜枚疾走, 不聞號令, 但聞人馬之行聲.余

謂童子:'此何聲也? 汝出視之.' 童子曰:'星月皎潔, 明河在天, 四無人聲, 聲在樹間.'

余曰 '噫嘻, 悲哉! 此秋聲也! 胡爲而來哉?' 蓋夫秋之爲狀也:其色慘淡, 烟霏雲斂;其容淸明, 天高日晶;其氣慄冽, 砭人肌骨;其意蕭條, 山川寂寥.故其爲聲也, 凄凄切切, 呼號憤發.豊草綠縟而爭茂, 佳木葱籠而可悅;草拂之而色變, 木遭之而葉脫.其所以摧敗零落者, 乃其一氣之餘烈.

夫秋, 刑官也, 於時爲陰;又兵象也, 於行用金.是謂天地之義氣, 常以肅殺而爲心.天之於物, 春生秋實, 故其在樂也, 商聲主西方之音;夷則爲七月之律.商, 傷也, 物旣老而悲傷;夷, 戮也, 物過盛而當殺.

'嗟乎! 草木無情, 有時飄零.人爲動物, 惟物之靈.百憂感其心, 萬物勞其形, 有動於中, 必搖其精.而況思其力之所不及, 憂其智之所不能, 宜其渥然丹者爲槁木, 黟然黑者爲星星. 奈何以非金石之質, 欲與草木而爭榮? 念誰爲之戕賊, 亦何恨乎秋聲!' 童子莫對, 垂頭而睡, 但聞四壁蟲聲唧唧, 如助予之歎息..)3)

세상 만물의 가을로써 사람의 마음속 가을을 비유한, 심정을 기탁하는 구양수의 표현기교가 결코 독창적인 것은 아니다. 그는 송옥(宋玉: BC290?-BC222?) · 이백(李白) · 유우석(劉禹錫: 772-842)의 뒤를 이어 개인의 감개를 가을의 소리에다 녹여 넣은 것에 지나지 않는다. 주의를 끌만한 것은 작자가 각종 비유를 사용하여 복잡하고 형태가 없는 가을의 소리를 형상적이고 생동적으로 묘사하였다는 점이다. 그 어기(語氣)는 무거운 삼발이 솥을 들어 올리고 맨손으로 배를 밀고 가는 용기를 가지고 있는 것 같고, 그 필력은 무소뿔과 상아를 뽑는 힘을 지니고 있는 듯하다. 가을의 색깔 · 모양 · 기운 · 생각 등

---

3) <秋聲賦>, 《歐陽修詩文校箋 · 居士集》卷十五

의 모양을 서술하는 데 있어 정교하지 않는 것이 없어, 마치 눈을 들면 볼 수 있을 것 같고 귀를 기울이면 들을 수 있을 것 같을 정도로 세밀하게 묘사하였다. 23년 전의 <황양수자부(黃楊樹子賦)>와 비교해 보면, <추성부>는 전통 부(賦)의 대장(對仗)과 율체(律體)를 타파하고, 홀수 글자 구와 짝수 글자 구를 사이에 섞어 넣고 종횡으로 개합(開闔)하는 산체(散體)시가로 변하게 하였다. 이러한 돌파는 개척적 의의를 지닌다. 소식의 전후(前後) <적벽부(赤壁賦)>는 바로 이러한 <추성부>의 자취를 계승한 것이다.

제12장 현달(顯達)과 은거

　세월이 흐르면서 구양수의 관운(官運)도 갈수록 형통하여 갔다. 가우 5년(1060) 구양수의 나이 54세, 예부시랑(禮部侍郞)으로서 추밀부사(樞密副使)를 제수 받아 추밀원의 시정기(時政記)[1]를 함께 수찬(修撰)하였고, 군사기밀에 관련된 중요한 업무에 참여하였다. 55세 때는 호부시랑(戶部侍郞)으로 전임(轉任)되고, 참지정사(參知政事)를 제수 받았으며, 또 낙안군개국공(樂安郡開國公)[2]의 봉작(封爵)이 더해졌다. 또 59세 때는 광록대부(光祿大夫)[3]로 올랐고, 상주국(上柱國)[4]이 더해져 회갑이 넘을 때까지 혁혁한 공훈을 세운 신하이면서 귀족의 지위를 누리게 되었다.

---

1) 時政記(시정기): 송대 사관(史官)의 네 종류 기록 중의 하나. 송 진종(眞宗) 경덕(景德) 3년(1007) 주밀원(樞密院)에 처음으로 시정기를 놓아두고, 군신간의 문답과 재상 등 국정을 관장하는 중신들의 의정 활동의 상세한 상황을 기록하여 역사 편찬을 위해 준비 하였다.
2) 開國公(개국공): 송대 봉작의 12계급 중 여섯 번째 등급.
3) 光祿大夫(광록대부): 정 3품의 문관.
4) 上柱國(상주국): 송대 공을 세운 사람에게 주던 12등급 벼슬 가운데 가장 높은 등급.

입신출세해가는 동안 그는 천하의 군대 수와 북삼로(北三路)의 병력 주둔 상황을 조사했고, 국방을 강화하고 균등하게 세금을 부과하는 방법을 연구하였으며, 왕안석·증공·삼소(三蘇)·사마광(司馬光: 1019-1086) 등의 인재를 천거하였다. 그러나 피폐한 정치를 뿌리 뽑는 기세는 아무래도 경력시기만큼 날카롭지는 못하였다. 왕안석이 <상황제서(上皇帝書)>에서 제기한 대담한 변법 주장에 대하여 그도 무겁게 입을 닫고 있었다. 그가 가장 관심을 보인 것은 인종이 만년에 딸은 많으나 아들이 없으므로 누가 황위를 계승해야 하는 것이었다. 그가 시에서 여러 차례 읊은 것은 제사를 지내기 위해 지은 시설인 재궁(齋宮)에서의 제사와 천자의 거소인 궁금(宮禁)의 경호에 관한 것 등 이었다. 관직과 작위는 비록 높아졌지만, 사상은 오히려 다소 공허하였다.

이 시기의 시가에서는 매요신과 소순흠에 대한 그리움을 자주 표현하였다.

> 흥이 나면 필력이 천근만큼이나 굳세지만
> 술 깨니 인간의 세상만사 모두 부질없네.
> 소순흠과 매요신 두 사람 지금은 모두 세상 떠나고
> 쓸쓸이 저산의 취옹 하나만 남았구나.

興來筆力千鈞勁　　酒醒人間萬事空
蘇梅二子今亡矣　　索寞滁山一醉翁[5]

---

5) <馬上默誦聖兪詩有感>, 《歐陽修詩文校箋·居士集》卷十四

황하는 천년에 한번 맑아지고
기산의 우는 봉황은 다시 울지 않네.
소순흠·매요신 두 친구 죽은 뒤로
천지의 적막함은 천둥소리 그친 듯하네.
…… 후략 ……

黃河一千年一淸　　岐山鳴鳳不再鳴
自從蘇梅二子死　　天地寂默收雷聲6)
…… 後略 ……

　매요신과 소순흠을 떠올리자마자 눈앞의 부귀한 생활은 곧 빛을 잃었다. 그는 마치 이곳에서 떠나 머나먼 곳으로 사라져야 한다고 생각하는 것 같이 "봉록이 비록 아까울 수는 있지만, 나의 포부는 깊고 거대한 데 있네."(稻粱雖可憐, 吾志在冥鴻)7)라고 하였다.
　가을바람과 가을비 속에서 그는 한유의 <추회(秋懷)>시를 기억해 내고는 자신의 노쇠함과 보잘 것 없는 모양 때문에 온 종일 서글퍼 하였다. 그리고는 진대(晉代)의 유령(劉伶)과 같이 그렇게 "조그마한 수레 타고, 한 병의 술을 차고서"(常乘鹿車, 携一壺酒)8), 은거하며 육체를 도외시 하는 것만 못하다고 여겼다. 이에 그는 붓을 휘둘러 <추회(秋懷)>9)시를 썼다.

---

6) <感二子>, 《歐陽修詩文校箋·居士集》 卷九
7) <下直呈同行三公>, 《歐陽修詩文校箋·居士集》 卷十三
8) <劉伶傳>, 《晉書》 卷四十九
9) 《歐陽修詩文校箋·居士集》 卷十四

절기에 따라 다른 경물 어찌 좋지 않으련만
가을의 정회는 어찌 이리 어두운가.
서풍에 술집 깃발 펄럭이는 저자 거리
보슬비가 국화 꽃 촉촉이 적시는 가을 날씨.
경물 변화를 느끼면서 하얗게 쉰 양쪽 귀밑머리 슬퍼하노라니
만전이 봉록 축내는 것이 한없이 부끄러워지네.
작은 수레 마침내 내 손으로 몰아
영주 동쪽 전원으로 내 돌아가리.

節物豈不好　秋懷何黯然
西風酒旗市　細雨菊花天
感事悲雙鬢　包羞食萬錢
鹿車終自駕　歸去潁東田

가우 8년(1063) 인종(仁宗)이 병으로 세상을 떠나자 영종(英宗) 조서(趙曙)가 즉위하였다. 치평 2년(1065) 봄 구양수는 당뇨병을 앓았다. 그는 어지럽고 힘이 없었으며, 형편없이 쇠약하였다. 그런데 그 유명한 <상주주금당기(相州晝錦堂記)>는 바로 병중인 이 때에 한기(韓琦)를 위해 쓴 것이다.

상주(相州: 지금의 河南 安陽)는 한기의 고향이다. 한기는 지화(至和) 년간에 진안무승군절도사(鎭安武勝軍節度使) 겸 상주판관(相州判官)으로 있을 때 뒤채의 텃밭에다 주금당(晝錦堂)을 지었다. "주금"(晝錦)이라는 명칭에는 영예롭게 귀향한다는 의미가 들어있다. 가우 6년(1061) 한기는 재상(즉 同平章事)으로 관직에 나가게 되었고, 아울러 위국공(魏國公)으로 봉작(封爵)이 더해졌으니 부귀가 최고조에 달했다고 할

수 있다. 그러나 구양수는 이 작품에서 그가 부귀를 영예롭게 여기지 않고 국가와 백성을 위하여 공업(功業)을 세우는 데 뜻을 두고 있다고 쓰고 있다. 이것은 바로 한기의 본의(本意)를 훨씬 넘어섰을 뿐 아니라, 더욱 높은 사상적 경지에서 한기를 면려하였고, 많은 독자들에게 새로운 깨우침을 주었다.

벼슬살이 하여서 장군・재상에 이르러 부귀하게 되어서 고향으로 돌아오는, 이것은 사람의 마음으로 영예롭게 여기는 바이고, 예나 지금이나 똑같이 여기는 바이다. 대체로 선비가 바야흐로 곤궁할 때 시골의 조그마한 마을에서 고생하게 되면 보잘 것 없는 사람과 철부지도 그를 가벼이 여기고 멸시할 수 있게 될 터이니 마치 소진이 그 형수에게 예로 대접을 받지 못하고, 주매신이 그의 아내에게 버림받았던 것과 같다. 일단 네 마리가 끄는 높은 마차에다 의장용 기가 앞을 이끌고 말을 탄 병졸이 뒤를 호위하게 되면, 길을 끼고 늘어선 사람들이 서로 더불어 어깨를 나란히 하고 발자취를 겹치고 서서 우러러보며 탄식하지만, 그들을 업신여기던 보잘 것 없는 사내와 어리석은 부녀자들은 급히 뛰어다니며 놀라 식은땀을 흘리면서 부끄러워 땅에 엎드린 채 수레 먼지와 말발굽 사이에서 스스로 자신들의 잘못을 뉘우쳤다. 이처럼 한 선비가 그 시대에 뜻을 이루어서 의기가 성해지게 되면 옛사람들은 그것을 비단옷을 입고 고향으로 돌아오는 영광을 누리는 것에다 견주었다. 오직 대승상 위국공만은 그렇지 않았다. ……공은 어릴 때부터 이미 뛰어난 성적으로 과거에 급제하여 높은 벼슬에 올랐으므로 세상의 선비들이 공의 높은 덕망을 듣고 그의 풍채를 바라보려고 한 것도 아마 또한 여러 해 되었으리라. 이른바 장군이나 재상이 되어 부귀하게 되는 것은 모두 공이 일찌감치 이루었던 것이지 결코 곤궁했던 사람이 요행으로 한때 뜻을 얻게 되어 하찮은 범부와 우매한 부녀자들이 예상하지 못한 곳에서 나와 그들을 깜짝 놀라게 하고, 그들에게 자신의 출세를 뽐내는 것과 같은 것은 아니다. 그러므로 상아로 장식한 깃발과 쇠꼬리를 단 깃발도 공의 영예로움이 되기에는 부족하며, 환규와 곤룡도 공이 고 귀하다고 여기는 것이 되기에는 부족하다. 다만 덕이 백성들에게 미치고, 공훈이 사직에 베풀어지며, 그것이 금석에 새겨지고 시와 음악으로 전해져 서 후세에까지 빛나고 무궁토록 전해지는 것, 이것만이 공의 뜻이며, 선비 들도 이러한 것으로써 공에게 바라고 있으니 어찌 한 때에 뽐내고 한 고 을을 영예롭게 하는 데 그치겠는가?

(仕宦而至將相, 富貴而歸故鄕, 此人情之所榮, 而今昔之所同也. 蓋士 方窮時, 困厄閭里, 庸人孺子皆得易而侮之, 若季子不禮於其嫂, 買臣見 棄於其妻. 一旦高車駟馬, 旗旄導前, 而騎卒擁後, 夾道之人, 相與騈肩 累迹, 瞻望咨嗟, 而所謂庸夫愚婦者, 奔走駭汗, 羞愧俯伏, 以自悔罪 於車塵馬足之間. 此一介之士, 得志於當時, 而意氣之盛, 昔人比之衣錦 之榮 者也.

惟大丞相魏國公則不然. …… 自公少時, 已擢高科, 登顯仕, 海內之 士聞下風而望餘光者, 蓋亦有年矣. 所謂將相而富貴, 皆公所宜素有, 非 如窮厄之人僥幸得志於一時, 出於庸夫愚婦之不意, 以驚駭而夸耀之也. 然則高牙大纛, 不足爲公榮 ; 桓圭袞冕, 不足爲公貴. 惟德被生民而功施 社稷, 勒之金石, 播之聲詩, 以耀後世而垂無窮, 此公之志, 而士亦以 此望於公也, 豈止夸一時而榮一鄕哉!)10)

- [1] 高牙大纛(고아대독): 높은 벼슬아치의 의장(儀仗)을 가리킨다. 고아 (高牙)는 임금이나 대장의 군영 앞에 세우는 큰 기를 이른다. 아 (牙)자가 붙은 것은 깃대 위에 상아의장식이 있었기 때문이라고도 하며, 방비가 견고한 것이 손톱이나 이빨처럼 단단했기 때문이라고 도 한다. 大纛(대독)은 깃털로 만든 대장기를 말한다.
- [2] 桓圭袞冕(환규곤면): 예기(禮器)와 관모 그리고 관복(官服)을 말한 다. 환규(桓圭)는 길이가 9촌으로 옥으로 되어있고, 위는 둥글고 아 래는 네모이다. 왕공(王公)이 조정에 나아가거나 행사에 참가할 때 손에 쥔다. 곤(袞)은 곤룡포로 용이 용트림하는 모양이 그려진 의복

---

10) <相州晝錦堂記>, 《歐陽修詩文校箋・居士集》 卷四十

으로 고대의 제왕이나 상공(上公)의 복장이다. 면(冕)은 관모를 말한다.

이 작품은 구성이 빈틈없이 잘 짜여 있다. 반어법과 대비법을 운용하는 것 외에 대비(對比)와 반복을 중심으로 하여 의론을 전개하였다. 언어의 특징으로 말한다면, 첫째는 끊임없이 변화하는 언어로써 동일한 주제를 상세하게 설명하였다는 점이고, 둘째는 읽는 이가 단숨에 읽어내려 가게 함으로써 문장의 기세를 강화시켰다는 점이며, 셋째는 고자(古字)나 이해하기 어려운 글자와 단어 사용을 피하고 가능한 한 송대에 통행되던 서면어(書面語)를 사용하였다는 점이다.

구양수는 이 작품을 매우 중시하였다. 전해지는 설에 따르면, <상주주금당기>를 보내고 난 며칠 뒤에 그는 또 다시 특별히 사람을 보내 다른 한편을 한기에게 전하고는 앞에 보내드린 원고는 흠이 있으니 이것으로 교체하시라고 하였다. 한기가 여러 차례 대조하여서 "仕宦"과 "富貴" 아래에 각각 "而" 자를 한 자 더해 놓은 것을 발견하였을 따름인데, 어기는 오히려 더욱 매끄럽고 시원스러웠다. 그는 이 작품을 대단히 좋아하여서 훗날 사람에게 부탁하여 돌에다 새기고 멋진 곳에다 놓아두었다.

치평 4년(1067) 정월에 영종(英宗)이 세상을 떠나고 신종(神宗) 조욱(趙頊)이 즉위 하였다. 구양수는 상서좌승(尙書左丞)으로 전보되었다. 그가 상복 안에다 보라색 관복 저고리를 입었기 때문에 어사(御使)의 탄핵과 공격을 받았다. 이에 앞서 구양수가 추천한 장지기(蔣之奇: 1031-1104, 이때는 이미 殿中侍御史[11])는 오히려 그를 비방하여 "장

막을 수선하지 않고, 즉 사생활이 문란하여"(帷薄不修), "며느리와 통정하였다."(私從子婦)고 비방하여 꼭 그를 사지로 몰아넣은 다음에야 속시원해 하였다. 신종이 사람을 보내 자세히 조사해보니 완전히 "무고"(誣罔)임이 증명되었다. 장지기 등은 귀양을 갔고, 구양수도 상서좌승·참지정사 등의 관직에서 면직되고 형부상서(刑部尙書)12)로서 박주(亳州: 지금의 안휘성 亳縣) 지주(知州)로 보내졌다.

이릉으로의 첫 번째 좌천과 저주로의 두 번째 좌천 이후 이번이 세 번째 폄적이었다. 그렇지만 그는 일찌감치 마음을 산수(山水)에 두었으니 외지로 좌천되는 이번이 오히려 제자리를 찾아가게 되는 셈이다. 그는 일부러 길을 돌아 영주를 지나가면서 퇴임 후의 생활을 어떻게 보내야 할지를 생각하였다.

> 이가 흔들흔들 하고 귀밑머리 듬성듬성 하지만
> 영수에서 여러 해 띠 풀 집 지었네.
> 사직하고 곧 한가한 처사가 되니
> 새와 꽃들도 병이 든 상서에게 웃지를 않네.
> 푸른 적삼의 선비가 벼슬이 천 종 봉록의 고관에 이르렀지만
> 흰머리에 작은 마차 타고 돌아왔네.
> 더욱이 서쪽 이웃 은거하는 군자 있으니
> 가벼운 도롱이에 삿갓 쓰고서 함께 봄밭 쟁기질 하련다.

---

11) 殿中侍御史(전중시어사): 어사대(御史臺) 아래 전원(殿院)에 속하는 관직으로 정 7품이며, 주로 각종 조회 기간에 백관들의 의식(儀式)에 있어서의 과실을 규찰하는 일을 맡았다.
12) 刑部尙書(형부상서): 형부(刑部)는 육부(六部) 가운데 하나로 형법과 옥사(獄事)에 관한 소송을 담당한다. 여기에서의 상서(尙書)는 이 부서의 최고 책임자인데, 상서성(尙書省)의 최고 책임자인 상서령(尙書令)과는 다르다.

齒牙零落鬢毛疏	潁水多年已結廬
解組便爲閑處士	新花莫笑病尙書
靑衫仕至千鍾祿	白首歸乘一鹿車
況有西鄰隱君子	輕蓑短笠伴春鋤13)

 박주에서 그는 <시필(試筆)>이나 <필설(筆說)>과 마찬가지로 사관(史官)이 기록하지 않는 사회풍습과 사대부의 일화를 손가는 대로 적어 《귀전록(歸田錄)》이라 이름 붙였다. 《귀전록》은 수필 혹은 필기소설(筆記小說)의 종류에 속한다. 전하는 바에 따르면, 이 책이 아직 나오기 전에 서문이 먼저 전해졌는데, 신종이 환관을 급히 파견하여 보여 달라고 하였다. 책에는 당시의 정치에 관한 견문이나 의론이 실려져 있었기 때문에 세 차례 정치적 좌절을 겪은 구양수는 특별히 조심하지 않을 수 없어 별도로 한 권을 필사하여 진상(進上)하였다. 이 책의 본래의 모습은 이로부터 더 이상 볼 수 없게 되었다. 그러나 전해지는 《귀전록》에는 시대 정치를 풍자하는 약간의 편장(篇章)이 남아 있다. 또한 송대와 그 이후의 필기소설과 야사찰기(野史札記)에 적지 않는 영향을 끼쳤다.

 구양수가 박주에 거주한지 1년이 흐른 후, 특진행병부상서(特進行兵部尙書)14)로서 청주(靑州: 지금의 山東省 益都) 지주로 전보되었다.

---

13) <書懷>, 《歐陽修詩文校箋·居士集》 卷十四
14) 特進行兵部尙書(특진행병부상서): 특진(特進)은 지위가 삼공(三公)의 바로 다음가는 종 1품의 산관(散官)으로 병부상서(兵部尙書)는 병부(兵部)의 수장이나 대부분 직함만 있고 직무는 없다. 송대의 관제(官制)에서는 품계가 한 개 이상 높은 관원이

청주에 온 이듬해에 왕안석이 참지정사에 임명되었다. 날로 깊어져 가는 사회적 위기에 직면해 있던 신종은 "풍속을 변화시키고, 법도를 바로 세우겠다."(變風俗, 立法度)는 그의 주장을 지지하여 그 유명한 희녕변법(熙寧變法)을 실시하였다. 이번의 변법은 "경력신정"에 비해 훨씬 더 깊이 있고 격렬해서 그 영향은 매우 복잡하였다. 왕안석이 주창한 변법의 우레같이 맹렬하고 바람과 같이 빠른 위세는 활기 없이 축 처져있던 북송 왕조의 국면을 돌파하여 죽은 듯이 살면서 봉록만 받아먹던 문무백관들을 놀라 어리둥절하게 하였다. 한기·부필 그리고 구양수 등 경력변법(慶曆變法)을 주도하였던 노신(老臣)들은 모두 이번 변법 앞에서 어찌할 줄 몰라 하며, 잇달아 당시의 급진적인 입장에서 온건 수구로 선회하였다. 그리고 많은 구체적인 문제에서 왕안석과 대립각을 세우는 편에 섰다.

일반적으로 구양수가 왕안석의 변법을 모두 반대하지는 않았다고 보고 있다. 그러나 그는 두 차례 상서(上書)에서 관공서에서 농민들에게 강제적으로 갚아야 할 부채(青苗錢을 가리킴)를 지게 하는 것은 농민들에게 불리하다고 쓰고, 아울러 마음대로 "청묘전을 대출하는 것을 중지하면서"(止散青苗錢) 이 정책의 시행을 강력하게 저지하였다. 변법투쟁이 대단히 날카롭게 진행되는 시기였던 터라, 관례에 따른다면 이것은 반드시 죄를 물어야 하는 사안이나 신종과 왕안석은 결국 그를 용서하였다.

아래 등급의 직무를 맡는 경우를 "행"(行) 이라 칭하였다.

희녕 3년(1070) 구양수는 판대원부(判太原府)15)를 제수 받고 황궁(皇宮)으로 와서 신종을 배알하라는 명을 받았다. 전해지던 소식으로는 신종이 그에게 재상을 맡기려 하였다고 한다. 그는 자신이 어떤 문제에 있어서 "세태에 융합하지 않고 우직한 태도를 고집하고"(守拙), "관례를 따르는"(循常) 면이 있다는 것을 알기 때문에 극구 사양하며 가지 않았다. 그는 이미 사람에게 부탁하여 영주에다 농토를 사고 집을 지었다. 여러 차례 사직을 청하였지만, 원하는 대로 되지 않자, 영주 서호(西湖)에 조금이라도 가까이 가기 위해 하는 수 없이 잠시 동안 채주(蔡州: 지금의 하남성 汝南) 지주로 전보하여 달라고 청하였다.

이 해 9월 구양수는 청주에서 채주로 왔다. 그는 양양(襄陽: 지금의 湖北省 襄樊市內) 지부(知府) 사중휘(史中輝)의 부탁을 받아 <현산정기(峴山亭記)>를 써주었고, 이어 주대(周代)에서 수당대(隋唐代)까지의 금석문자를 수집·정리하여 고고학 자료집인 《집고록(集古錄)》 1권 편찬하였다. 그는 매요신 등이 《집고록》에 실린 글들의 일부를 보고 써놓은 발미(跋尾)를 읽고 있자니 당사국(唐史局)에서 함께 일했던 친구들이 떠올랐다. 그때의 동료 여섯 명 가운데 다섯은 이미 세상을 떠났고, 자기도 이미 늙어서 거동이 부자연스러웠기 때문에 앞당

---

15) 判太原府(판대원부): 송대에는 2품 이상 및 중서(中書)·추밀원(樞密院)·선휘사(宣徽使)의 직무를 지낸 채로 부(府)·주(州)의 태수로 나가게 되는 경우, "判~府"·"判~州"라 불렀다. 구양수는 당시 이 직무를 제수 받는 동시에 검교태보선휘남원사(檢校太保宣徽南院使)를 제수 받았다.

겨 퇴임하려고 결심하였다. 희녕 4년(1071) 6월 그는 마침내 신종의 윤허를 얻어 태자소사(太子少師)16) · 관문전학사(觀文殿學士)17)라는 원래의 직무를 보유한 상태로 퇴임하고 영주로 돌아왔다.

---

16) 태자소사(太子少師): 동국에서 태자를 보좌하는 관원으로 이른바 "삼소"(三少: 少師 · 少傅 · 少保)의 우두머리로 종 2품이다. 송대에는 전직 재상이 퇴임할 때 직함을 많이 수여 하는데, 실제로 직무를 책임지는 경우는 거의 없다.
17) 관문전학사(觀文殿學士): 여러 학사들 가운데 우두머리로 종 2품이며, 일반적으로 현직(現職)이다. 당대에는 퇴임하면 봉록이 없었지만, 송 진종 때부터는 봉록의 반을 주었다. 구양수는 관문전학사의 직무를 가진 채로 퇴임하였기 때문에 전액의 봉록을 받았다.

제13장 호(號)를 육일거사(六一居士)로 하다

구양수가 곧 퇴직하고 영주로 돌아가려 할 무렵, 은거하는 고대의 선비를 모방하여 자신에게 하나의 새로운 별명, 즉 "육일거사"(六一居士)를 지어주고, <육일거사전(六一居士傳)>을 써서 만년의 즐거움을 생동적으로 서술하였다.

구양수는 막 저주로 폄적된 뒤, 스스로를 "취옹"이라 호(號)하였다. 이미 늙어서 쇠약한데다 병이 많아서 물러나 영수(穎水)가로 와서 쉴 때는 또 호를 "육일거사"로 바꾸었다.

손님이 묻기를 '육일(六一)이라는 것은 무엇을 이릅니까?'라고 하자, 거사는 '내 집의 장서 일만 권, 삼대 이래의 금석유문이 일천 권, 거문고 한 대, 바둑 한 국(局)이 있고, 늘 술 한 병을 두지요'라고 대답한다. 손님이 말하기를 '이것들은 오일(五一)밖에 안 되는데 어찌합니까?'라고 한다. 그러자 거사가 말하기를 : '나 이 한 늙은이가 이 다섯 가지 물건 가운데에서 늙으니 이렇게 되면 아마도 육일(六一)이 되지 않을까요?'라고 한다. 손님이 웃으며 말하기를 '그대는 명성을 피하려는 사람이지요? 그래서 자신의 호를 자주 바꾸시는 모양인데, 이런 사람이 장자가 비난한 바 그림자를 두려워하면서 햇볕 속에서 질주하는 사람인데요, 나는 장차 그대가 질주하다가 숨을 크게 헐떡거리며 목말라 죽어도 명성을 피할 수 없을 것으로 보입니다.'라고 한다. 거사가 말하기를 '나도 명성을 피할 수 없다는 것을 정말이지 잘 알고 있지만, 무릇 피할 필요도 없다는 것을 알기도 하지요. 저는 이런 호를 지어서 잠시나마 저의 즐거움을 기록하려고 할 뿐입니다.' 손님이 말하기를 '그 즐거움은 어떻습니까?'라고 하자, 거사는 '나의 즐거움은 말로 하는 것을 훨씬 뛰어넘습니다! 바야흐로 제가 다섯 가지 물건에 즐거움을 얻게 되면, 태산이 앞에 있어도 보이지 않고 몰아치는 천둥이 집 기둥을 부수어도 놀라지 않습니다. 비록 동정의 넓은 들에서 구소(九韶)를 울려 퍼지게 하고, 탁록의 들에서 큰 전투를 구경하더라도 그 즐겁고 편안함을 느끼기에는 부족합니다. 그러나 내가 이들 사이에서 나의 즐거움을 극도로 얻지 못할까 걱정하는 것은 세상 일 가운데 나를 귀찮게 하는 것이 많기 때문입니다. 그 가운데에는 큰 것이 두 가지 있는데, 수레를 타고 관복을 입고 예기(禮器)를 들고 패대를 매고 조회에 나가는 것이 밖에서 나의 몸을 고되게 하고, 근심하고 걱정하고 생각하고 꾀하는 것이 안에서 나의 마음을 수고롭게 하여 내 몸이 병이 나지 않았으나 벌써 초췌하게 하고, 마음이 아직 늙지 않았으나 먼저 약해지게 하니 어떻게 다섯 가지 물건에다 느긋하게 여유 두기를 바라겠습니까! 비록 그러하나 제가 스스로 조정에다 제 몸을 구걸한 것이 삼년이 되었는데, 천자께서 애처로이 불쌍하게 여기시고는 관직을 사퇴하고 고향으로 돌아가는 것을 허락하시어 이 다섯 가지 물건과 함께 우두막집으로 돌아갈 수 있게 된다면 저의 숙원을 거의 이룬 것이지요. 이것이 제가 이 즐거움을 기록하는 까닭입니다.'라고 말한다.

(客有問曰 '六一, 何謂也?' 居士曰 '吾家藏書一萬卷, 集錄三代以來金石遺文一千卷, 有琴一張, 有棋一局, 而常置酒一壺.' 客曰 '是爲五一爾, 奈何?' 居士曰 '以吾一翁, 老於此五物之間, 是豈不爲六一乎?' 客笑曰 '子欲逃名者乎? 而屢易其號. 此莊生所謂畏影而走乎日中者也; 余將見子疾走大喘渴死, 而名不得逃也.' 居士曰 '吾固知名之不可逃,然亦知夫不必逃也.吾爲此名, 聊以志我之樂爾.' 客曰 '其樂如何?' 居士曰 '吾之樂可勝道哉! 方其得意於五物也, 太山在前而不見, 疾雷破柱而不驚.雖響九奏於洞庭之野, 閱大戰於涿鹿之原, 未足喩其樂且適也.然常患不得極吾樂於其間者, 世事之爲吾累者衆也.其大者有二焉, 軒裳珪組勞吾形於外, 憂患思慮勞吾心於內, 使吾形不病而已悴, 心未老而先衰, 尙何暇於五物哉! 雖然, 吾自乞其身於朝者三年矣, 一日天子惻然哀之, 賜其骸骨, 使得與此五物偕返於田廬, 庶幾償其夙願焉.此吾所以志也.')1)

[1] 軒裳珪組(헌상규조): 軒裳(헌상)은 고대 경대부의 수레와 의복을 말하고, 珪組(규조)는 인끈을 말한다. 합하여 부귀와 권위를 가리킨다.

이 <육일거사전>은 전체가 주객이 문답하는 말을 빌어서 자신의 고상한 취미를 직접 쓰는 형식으로 되어있다. 변화가 풍부하고 깔끔하며, 갖가지 자태를 보인다. 도잠(陶潛: 365-427)의 <오류선생전(五柳先生傳)>에 비해 더욱 독창적이다.

구양수는 어릴 때 독서를 무척 좋아하였지만, 그때는 집이 가난하여 책이 없었기 때문에 하는 수 없이 베껴와 읽거나 외워야 했다. 만년에는 만권의 장서와 천권이나 되는《집고록》이 생겼으니 그의 입장에서 보면 이것은 어떠한 권위와 가산(家産)보다도 소중한 재물인 셈이다. 그리고 일단 퇴임하고 영주로 돌아와 거문고・바둑・책・술 사이에서 문학에 전념할 수 있게 되었으니, 무궁무진하고 비할 데 없는 즐거움을 가지게 된 것이다. 그는 한강(韓絳)에게 부치는

---

1) <六一居士傳>, 《歐陽修詩文校箋・居士集》卷四十四

시에서 일생의 후반부 정치생활을 일종의 "과시"(賣弄)라고 자조하였고, 만년을 위하여 마침내 정치생활에서 해방되어 나온 데 대해 뿌듯함을 느끼면서 "누가 영수에서 한가로이 사는 선비와 같으리. 십경이나 되는 넓은 서호에서 낚싯대 하나 드리우며 살고 있다네"(誰如潁水閑居士, 十頃西湖一釣竿.)2)라고 하였다.

영주 서호의 경치는 여러 차례 그의 시흥(詩興)을 불러 일으켜 "전원으로 돌아가고자 한 생각이 오랫동안 미루어진 것을 알려면, 20년 동안 지은 시 30편을 보면 되네."(欲知歸計久遷延, 三十篇詩二十年.)3) 라고 하였다. 이번에 돌아와 십경(十頃)이나 되는 푸른 물결 위에서 그는 달·바람과 함께 하며 호수의 물빛을 맘껏 감상한다. 혹은 친구와 호수에서 배를 타기도 하고, 혹은 홀로 물가에 낚싯대 드리우기도 하면서 "개구리 우는 소리 잠시 듣고 있는데, 어찌하여 공무 때문인지 개인 일 때문인지를 묻는가? 술잔 띄워놓은 물이 굽이돌아 앞에 와 있으니 스스로 한잔하고 시 한 수 읊는다네. 즐거워하면서 시심(詩心)이 모아지면, 아무도 옆에 없는 듯하네."(鳴蛙暫聽, 安問屬官而屬私? 曲水臨流, 自可一觴而一咏. 至歡然而會意, 亦傍若於無人.) 라고 읊는다. 읊고 있는 틈에 머릿속에 가사가 또 흘러넘쳐 "지난 날 지은 작품 뒤적이면서 새로운 노래 가사 적어 보노라."(因翻舊闋之辭, 寫以新聲之調.)4)고 하고는 피리와 통소 반주에 맞추어 노래 부르게 한다. 이것이 그 유명한 <채상자(採桑子)> 13수(首)이다.

---

2) <寄韓子華>, 《歐陽修詩文校箋·居士外集》卷七
3) <答資政邵諫議見寄>其二, 《歐陽修詩文校箋·居士集》卷十四
4) <西湖念語>, 《歐陽修全集·近体樂府》卷一

구양수는 만년에 전인(前人)들과 동년배들의 시가에 대한 품평을 좋아하였는데, 진지묵(陳知默)의 시 "평지에 부는 바람에 안개는 백조를 가로지르고, 산의 반을 뒤덮은 구름에 묻힌 나무는 푸른 숲 넝쿨 두루 감고 있네."(平地風煙橫白鳥, 半山雲木卷蒼藤), "구름에 묻힌 산기슭은 가을 비 감추고, 잎 떨어진 숲속 나뭇가지엔 저녁바람 걸려 있네."(雲埋山麓藏秋雨, 葉落林梢帶晚風)를 특히 좋아하였다. 그는 시인들의 전고(典故)와 시구(詩句)를 손가는 대로 기록하고 정리하여 편집하였는데, 말로는 "한담거리로 제공하고자 퇴임하고 여음으로 가서 모은 것"(退去汝陰而集, 以資閑談)이라고 하였지만, 사실상 시가에 대한 자신의 비평과 의론을 제기한 것으로 "시화"(詩話)라 불렀다. 송대 이전에 《시품(詩品)》과 《본사시(本事詩)》 등 시를 논하거나 시에 대해 비평을 한 저작이 있었지만, 결코 "시화"는 없었다. 구양수가 《육일시화(六一詩話)》를 창작한 후 사마광(司馬光)은 이를 이어 《속시화(續詩話)》를 썼다. 이후 유반(劉攽: 1023-1089)의 《중산시화(中山詩話)》· 진사도(陳師道: 1053-1102)의 《후산시화(後山詩話)》· 위태(魏泰)의 《임한은거시화(臨漢隱居詩話)》· 오견(吳幵)의 《우고당시화(優古堂詩話)》· 완열(阮閱)의 《시화총귀(詩話總龜)》 등이 나왔고, 시화는 송대와 이후에 대단히 성행하는 논시(論詩) 저술로 되었다.

《육일시화》는 시인의 생활 경력과 작품의 사회현실에 대한 반영에 비교적 치중하였다. 예를 들면, 맹교(孟郊: 751-814)의 <사인혜탄(謝人惠炭)>에서 "따뜻하니 굽었던 몸이 곧은 몸이 되네."(暖得曲身成直身)라고 한 것에 대해 구양수는 "자신이 그것을 다 겪어보지 않고

서는 이 구를 써낼 수 없다."(非其身備嘗之, 不能道此句也.)고 여겼고, 가도(賈島: 779-843)의 <조기(朝飢)> 시에서 "앉아서 서쪽에 놓인 침상의 가야금 소리를 듣는데, 얼어서 두세 현이 끊어졌네."(坐聞西床琴, 凍折兩三弦.)라고 한 것에 대해 구양수는 다른 사람의 말을 끌어와 "허기를 참지 못하는데, 추위 또한 어떻게 참을 수 있겠는가?" (不止忍飢而已, 其寒亦何可忍也.)라고 평론한 것과 같은 것들이다. 이러한 시(詩)들의 예는 "곤궁하고서야 시가 훌륭해진다."(窮而後工)라는 그의 시가이론을 진일보 증명하고 풍부하게 하였다. 시단(詩壇)에서 생활체험을 소홀시하고, 사회현실 반영을 중시하지 않는 경향에 대하여 그는 매우 불만스러워 하였는데, 예를 들면, 《육일시화》5)안의 한 대목에서 달관(達官)한 시인들이 백거이체를 흉내만 내고 시에 담긴 깊은 내용은 음미하지 않는 누습을 조소하고 있다.

 인종조에 시로 이름이 알려진 여러 고관들이 있어 늘 백거이체를 좋아하였다. 그래서 그들의 시어가 수월한 데서 얻은 것이 많았다. 일찍이 한 연에 '봉록이 있게 되니 처자식은 살찌우고, 벼슬아치와 백성들에게는 은택이 미치는 것이 없네.'라고 하였다. 이를 희롱하는 이가 있어 '어제 사방으로 통하는 길에서 수레 하나를 만났는데, 싣고 있는 것이 너무 무거워 약한 소가 너무 힘들어 하는 것이 아마도 그대가 처자식을 살찌웠기 때문이 아니겠는가?
(仁宗朝, 有數達官以詩知名, 常慕白樂天体. 故其語, 多得於容易. 嘗有一聯云 '有祿肥妻子, 無恩及吏民.' 有戲之者云 '昨日通衢, 遇一輻輧車, 載極重, 而羸牛甚苦, 豈非足下肥妻子乎?' 聞

---

5) 《歐陽修全集 · 詩話》

者傳以爲笑.)

구양수는 《육일시화》에서 시어(詩語)를 정성들여 잘 다듬는 것을 강조하였다. 예를 들면, 온정균(溫庭筠)의 "닭은 초가집을 비추는 달빛에 울고, 사람은 널빤지 다리 위의 서리를 밟네."(鷄聲茅店月, 人迹板橋霜.)라는 시구에 대해 상당히 칭찬한 것과 같은 것으로, 서곤파 시인이 지은 시더라도 멋진 구(句)에 대해서는 충분히 인정하였다.

구양수는 이때 나이 이미 예순 다섯이었다. 자신의 작품이 후인들에게 잘못 전해지지 않도록 그는 자신이 지은 작품을 다시 꼼꼼하게 검토하여 정리하고 편집하였다. 이것이 바로 훗날의 《거사집(居士集)》이다. 그는 지난 날 쓴 원고를 벽에다 붙여놓고 아침저녁으로 고쳤다. 입의(立意)와 용사(用事)에서부터 조탁과 구성, 그리고 한 글자 한 글자 신중히 다듬는 데 이르기까지 조금도 빈틈이 없었다. 때론 한편의 문장을 수십 번 수정하기도 하였다. 심지어 한 편 전체를 한 글자도 남기지 않고 새로 쓴 적도 있다. 몇 차례 독촉을 받아도 아직 원고를 확정짓지 못한 경우도 있었다.

남송 사람 주필대(周必大: 1126-1204)의 말에 따르면, 구양수가 "손으로 쓴 《추성부》의 원고가 모두 여러 종류이고, <유원부수첩(劉原父手帖)>도 원고가 두세 개나 되는데, 글자가 더러 다르다. 《거사집》은 공의 손을 거쳐 확정하였고, 편목도 미리 결정되었다. 여러 판본을 참고하여 교감해보니 어휘의 증감이 100자에 이르는 작품도 있었다."(居士集經公決擇, 篇目素定, 而參校衆本, 有增損其辭至百

字者)6)고 한다. 이것은 구양수의 꼼꼼하고도 성실한 창작정신을 아주 잘 설명해 준다.

어느 추운날 밤 그가 촛불 아래에서 원고를 고치고 있는데, 촛불이 점점 짧게 타 들어갔다. 한밤이 지났을 무렵, 설(薛)부인이 그를 설득하여 "찬 기운이 심하니 일찍 주무셔야죠. 어찌 자신의 힘을 스스로 아끼지 않으십니까? 이들은 당신이 지은 작품인데 어디에 쓰시려고 거듭 읽으십니까? 어찌 선배들이 눈을 부라릴까 두려워하십니까?"(寒甚, 當早睡. 胡不自愛自力? 此己所作, 安用再三閱? 寧畏先生嗔耶?)라고 하였다. 구양수는 웃으면서 "선배들이 눈을 부라리는 것은 두렵지 않지만, 오히려 후배들이 비웃을까 두렵습니다!"(不畏先生嗔, 却怕後生笑.)7)고 대답하였다. 구양수가 창작을 함에 있어 당대와 후대의 수많은 독자들에 대해서 책임을 지고자 한 이상, "후생"(後生)들은 그에 대해 각별히 존경을 표해야 한다. 그의 문집은 곳곳에서 간행되었다. 설령 다른 판본의《거사집》이더라도 독자들은 흥미진진하게 연구하고, 옛것에 근거하여 새것을 살펴보면서 그가 왜 수정하였는지, 어떻게 수정하였는지를 생각하면서 이를 통해 계발(啓發)을 얻고 창작 수준을 향상시키기를 좋아하였다.

희녕 5년(1072) 여든 살의 조개(趙槪)8)가 남경(南京: 하남성 商丘를 가리킴)에서 구양수를 방문하러 왔다. 영주 지주인 여공저(呂公著)9)

---

6) <歐陽文忠公集後序>,《平園續稿》卷十二
7) 宋 沈作喆,《寓簡》卷八
8) 趙槪(조개): 자는 숙평(叔平)이고 시호는 강정(康靖)이며 송대의 명신(名臣)으로 구양수의 친구이다. 한림학사를 제수 받고 부재상(副宰相)을 지냈다.
9) 呂公著(여공저): 자는 회숙(晦叔)이며, 여의간(呂夷簡)의 아들이다. 한림학사를 제수

는 이 두 노인을 위해 서호에서 특별히 연회를 베풀었다. 구양수는 즉석에서 사(詞) 한 수 읊었는데, 그 안에는 "영예로운 한림 삼학사, 청풍명월 즐기는 한가한 두 사람"(金馬玉堂10)三學士, 淸風明月兩閑人)11) 이라는 구(句)가 있다. 이때 그의 당뇨병은 이미 매우 심각하였고, 만년에 앓게 된 치통도 많은 고통을 가져다주었다. 그는 병을 견뎌가며 날들을 보내면서 자신이 비로소 쇠약함을 걱정하게 되었음을 개탄하여 "거문고 타고 술 따르며 귀한 손님 붙잡아 놓고, 물 끌어와 꽃 심으니 봄 한 철이 지나가네. 강엄의 재주 다하여, 청신한 시구(詩句)로 유신에게 화창하기 어려움을 원망하노라."(鳴琴酌酒留嘉客, 引水栽花過一春. 惟恨江淹才已盡, 難酬開府句淸新.)12)

조개가 간 다음 구양수는 때로는 금석고문(金石古文)을 감상하고, 때로는 시를 읊고 사를 지으면서 시간을 보냈다. 이해 윤 7월 23일 구양수는 생명 여정의 마지막 한 걸음까지 다 걷고서 서호 가에 지어놓은 사저에서 세상을 떠났다. 향년 66세였다.

그는 문집 153권을 남겨 놓았다. 문집에는《거사집》50권·《거사외집(居士外集)》25권·《잡저(雜著)》19권·《<집고록(集古錄)>발미(跋尾)》10권·《서간(書簡)》10권이 포함되어 있다. 그리고《신당

받았고, 재상을 지낸 적이 있으며, 구양수의 친구이기도 하다.
10) 金馬玉堂(금마옥당): 한대(漢代) 미앙궁(未央宮) 앞에 구리로 만든 말이 있었는데, 그래서 궁궐의 문을 "금마문"(金馬門)이라고 불렀다. 한 문제(文帝)는 학사들에게 금마문 앞에서 조령(詔令)을 기다리게 하고는 고문(顧問)에 대비하게 하였다. 송대 학사원(學士院)의 정청(正廳)을 옥당(玉堂)이라 하였다. 金馬玉堂은 훗날 한림학사의 영예를 형용하는 말로 쓰였다.
11) <會老堂致語>,《歐陽修全集·近体樂府》卷一
12) <答判班孫待制見寄>,《歐陽修詩文校箋·居士外集》卷七

서》·《신오대사》 등이 있다. 한기는 그를 위해 묘지명(墓誌銘)을 썼고, 그의 부인 설씨와 아들 넷(발(發)·혁(奕)·비(棐)·변(辯))·손자 넷과 여섯 손녀가 그의 마지막 길을 배웅하였다. 왕안석·증공·범진(范鎭)·소식·소철 등은 모두 제문을 썼다. 그는 태자태사(太子太師)[13]로 추증되었고, "문충"(文忠)이라는 시호가 내려졌다. 개봉부(開封府) 신정현(新鄭縣) 정현향(旌賢鄕)의 들판에다 장사지냈다.

---

13) 태자태사(太子太師): 태자를 지도하는 관원으로 종 1품이다. 송대에는 당의 제도를 계승하여 태자태사(太子太師)·태자태부(太子太傅)·태자태보(太子太保)를 삼사(三師)로 하고, 태위(太尉)·사도(司徒)·사공(司公)을 삼공(三公)으로 하였다.

제14장 구양수 산문(散文)의 특색과 영향

　구양수가 일생동안 쓴 산문은 오백 편에 가깝다. 앞의 각 장에서 언급하거나 소개한 것은 그 가운데 일부분에 불과하다. 이외에도 가치있는 산문이 아주 많이 있지만, 편폭의 제한으로 하나하나 서술하지 못하였다.

　구양수의 산문은 종류가 상당히 많은데, 대체적으로 세 부류로 나눌 수 있다. 한 부류는 "경지"(經旨)·"변"(辨)·"논변"(論辨)·"시론"(時論)이라고 하는 것으로, 유가 경전의 의미에 대한 질의, 전통적 견해와 역사에 실린 사실에 대한 반박, 시사와 정책에 대한 평론을 포함하는데, 정론(政論)·사론(史論) 그리고 시사 평론의 종류에 속한다. 또 다른 한 부류는 "서"(序)·"서"(書)·"잡제발"(雜題跋)·"잡문"(雜文)·"시필"(試筆)·"필설"(筆說)이라고 하는 것으로, 대체로 문학비평·각종 수필과 잡문 그리고 소품에 속한다. 이 두 부류의 산문은 모두 의론을 위주로 하고, 간혹 짧막한 서문도 뒤섞여 있다. 이것들은 대부분 내용이 충실하고, 관점이 참신하며, 필봉이 날카롭고, 상당히 많은 전투적 특징을 지니고 있다. 세 번째 부류는 "기"(記)·"전"(傳)·"제문"(祭文)으로 서사와 서경 혹은 서정 종류에 속하는데, 간단한 논의를 하고 있는 것도 약간 있다. 이 부류의 산문이 예술성이 가장 높다.

비교적 일찍이 구양수 산문의 특징을 평론한 사람은 소순(蘇洵)이다. 소순은 구양수 산문의 장점에 대해 "집사(구양수)의 문장은 완곡하고 여유 있고 상세하고 완비되어 있으며, 갔다 왔다하면서 백번 꺾이지만, 조리가 분명하고 시원스러우며, 틈새나 끊이는 곳이 없다. 또한 기세가 다하고 언어가 극치에 달하며, 급절한 언사에다 투철한 논술이더라도 편안하고 여유 있고 끙끙대며 힘들인 모양이라고는 없습니다."(紆餘委備, 往復百折, 而條達疏暢, 無所閑斷 ; 氣盡語極, 急言竭論, 而容與閑易, 無艱難勞苦之態.)1)라고 하였다. 여기에서는 주로 구양수의 서사산문과 의론산문이 완곡하고, 물 흐르듯 시원스러우며, 여유 있으면서 자유자재로운 특징을 말하고 있다. 소철(蘇轍)은 부친의 평론에 동의하면서 구양수의 산문이 "타고난 재능이 흘러넘쳐 상세함과 간략함이 법도에 맞고, 온화한 얼굴로 내려다보고 쳐다보면서도 소리가 높지 않고 얼굴색에도 변화가 없는 것과 같아, 뜻과 이치가 저절로 흘러넘쳐서 짧은 문장이든 긴 논리를 펼치는 긴 문장이든 펼쳐서 적절하지 않음이 없다."(天材有餘, 豐約中度, 雍容俯仰, 不大聲色, 而義理自勝, 短章大論, 施無不可.)2)고 여겼다. 소

---

1) <上歐陽內翰第一書>, 《嘉佑集》 卷十一
2) <歐陽文忠公神道碑>, 《欒城集》 卷二十三

식은 한 층 더 보충하여 구양수의 산문이 "큰 도를 논한 것은 한유 같고, 시사를 논할 것은 육지와 같다. 일을 기록한 것은 사마천과 같고 시와 부는 이백과 유사하다."(論大道似韓愈, 論事似陸贄, 記事似司馬遷, 詩賦似李白.)3)고 하여 뭇 대가들의 장점을 겸비하였음을 말하였다.

또 다른 한 평론가 왕안석(王安石)은 구양수의 산문은 "세차고 굳세고 빼어나고 웅장하며, 특이하고 정교하며 아름답고 진기하다. 마음속에 쌓인 것은 드넓기가 장강이나 황하의 고인 물 같고, 밖으로 드러난 것은 찬란하기가 해와 달의 빛 같다. 그 맑은 소리와 그윽한 운치는 처량하기가 회오리바람과 소나기가 내리쏟는 것 같고, 그 웅장한 언사와 굉장한 언변은 빠르기가 준마가 가벼운 수레를 끌고 치달리는 것 같습니다."(豪健俊偉, 怪巧瑰琦. 其積於中者, 浩如江河之停蓄, 其發於外者, 爛如日星之光輝. 其淸音幽韻, 凄如飄風急雨之驟至 ; 其雄辭閎辯, 快如輕車駿馬之奔馳.)4)라고 하였다. 이것은 구양수의 의론 산문은 호탕하고 웅건(雄建)하며, 격이 높고 기세가 든든하고, 서정산문은 감정이 흘러넘치고, 음운이 맑고 그윽하다는 것을 말한 것이다.

이밖에 증공(曾鞏)은 구양수 산문은 "끊고 제거한 것이 칼과 자를 댄 듯하고 타고난 바탕이 혼연하다."(絶去刀尺, 渾然天質.)5)고 하였고, 한기(韓琦)는 구양수의 문장은 "자연스러움을 얻었는데"(得之自

---

3) <六一居士集叙>, 《經進東坡文集事略》卷五十六
4) <歐陽文忠公文>, 《臨川先生文集》卷八十六
5) <祭歐陽少師文>, 《曾鞏集》卷三十八

然), "(인위적으로 만들어낸) 흔적이 보이지 않는다."(不見痕迹)고 하였다. 이것은 모두 주로 언어가 질박하고 평이하며 통속적이라는 점을 말한 것이다. 오충은 구양수의 "문장은 여러 문체를 두루 갖추었고, 변화가 무궁하고 사물에 따라 의미를 부여함에 있어 제각기 그 정교함이 극치를 이루었다. …… 문장이 정교하고 힘이 있으니 스스로 일가를 이루게 되었다."(文備衆體, 變化開闔. 因物命意, 各極其工. …… 筆札精勁, 自成一家.)6)고 하였다.

다시 말해, 구양수가 각 문체의 산문에 뛰어나고, 또 의론·서사·서정·사물 묘사 등을 하나로 묶어 문장의 구조와 층차(層次) 그리고 언어에서 모두 변화를 풍부하게 하였다는 것이다.

위에서 서술한 구양수의 친구와 제자의 평가가 지나친 찬사일 수도 있지만, 남송(南宋)에서 청대(淸代) 사람에 이르기까지 그의 산문에 대한 평가 또한 대체로 일치한다. 구양수 산문의 이러한 예술적 특색에 관하여 최근 사람 주진보(周振甫: 1911-2000) 선생은 다섯 가지로 개괄한 적이 있다. 첫째, 완곡하면서 변화가 많으며, 모양새가 여유가 있다. 둘째, 기세가 왕성하고, 언어가 평이하다. 셋째, 구조가 엄밀하고, 논리적인 힘이 풍부하다. 넷째, 한 사람이 노래하면 세 사람이 화창하듯 여운이 풍부하다. 다섯째, 어휘 사용과 문장 구성이 정련되고 변화가 많다.

구양수는 한대(漢代)와 당대(唐代) 산문 특히 한유(韓愈) 산문에 대한 학습을 중시하였다. 그러나 그가 결코 기계적으로 모방한 것이

---

6) <歐陽文忠公行狀>, 《歐陽修全集》卷一

아니라, 한유 문장의 장점을 흡수한 기초위에서 자신의 풍격을 창조해 낸 것이다. 한유와 비교해 보건대, 구양수는 문장의 구어체화와 언어의 통속적인 면에 더욱 치중하였고, 문장 내용이 실용에 가까이 다가가게 하고 작자의 감정을 한데 녹여서 토로하는 것을 더욱 중시하였다.

구양수는 깊이 파고들어 연구하고, 고생을 참아가며 학습하였으며, 아울러 대담하게 실천하였기 때문에 마침내 산문 창작 영역에서 탁월한 성과를 거두고 한당(漢唐) 이후 또 하나의 산문 대가가 되었다. 구양수 산문의 성취와 역사적 지위 및 영향에 대하여 소식은 아래와 같은 유명한 평가를 하였다.

한유 이후 삼백여년 뒤에야 구양자를 얻었는데, 그의 학문은 한유·맹자를 추앙하면서 공자에 이르렀고, 예악과 인의의 열매를 드러내어 위대한 도에다 합치시켰다. 그의 문장은 간략하면서도 분명하고 믿을 만하고 막힘이 없이 시원스럽고 사물을 끌어와 비유하려는 것과 연계시키어 그것을 지극한 이치에다 쏟아 넣어서 사람의 마음을 감복시키기 때문에 천하 사람들이 즐거이 그를 스승으로 삼고 존경하였다. 구양자가 나오고부터 세상 사람들 가운데 말을 하지 않던 사람도 왁자지껄하게 그를 공격하여 그의 몸은 뒤집고 묶을 수 있었지만, 그의 말은 굽힐 수 없었다. 선비들은 어진 사람이나 어리석은 사람 간에 서로 말 맞추지 않고서도 똑같이 '구양자는 지금의 한유다.'고 하였다. 송 왕조가 일어난 지 칠십여 년이 되었지만, 백성들은 군대에 관한 일을 모르고, 재물을 풍부하게 하여서 그들을 교화하였는데, 이러한 현상이 천성과 경우 년간에 극에 달하였지만, 문장은 옛사람들에게 부끄러울 정도였다. 사대부들도 이어져오던 대로 옛것을 그대로 고수하니 견해는 수준이 낮고, 기세는 약하게 되었습니다. 구양수가 나오면서부터 천하 사람들은 다투어 스스로 누습을 씻어내고 자신을 연마하여 경전에 정통하고 옛 것을 배우는 것을 고상하다고 여겼고, 시대를 구하고 도를 행하는 것을 어질다고 여겼으며, 군주의 얼굴을 붉게 하면서도 간언이 받아들여지게 하는 것을 충직하다고 여겼습니다. 가우 년간 말에 '인재가 많다'고들 말하는데 이는 구양자의 공이 큽니다.
(愈之後三百餘年, 而後得歐陽子, 其學推韓愈孟子, 以達於孔氏, 著禮樂仁義之實, 以合於大道. 其言簡而明, 信而通, 引物連類, 折之於至理, 以服人心, 故天下翕然師尊之 自歐陽子之存, 世之不說者嘩而攻之, 能折困其身, 而不能屈其言. 士無賢不肖, 不謀而同曰 '歐陽子, 今之韓愈也' 宋興七十餘年, 民不知兵, 富而敎之, 至天聖景祐極矣, 而斯文終有愧於古. 士亦因陋宋舊, 論卑而氣弱. 自歐陽子出, 天下爭自濯磨, 以通經學古爲高, 以救時行道爲賢, 以犯顔納說爲忠, 長育成就, 至嘉佑末号称多士, 歐陽子之功爲多.)7)

이른바 "천하 사람들이 즐거이 그를 스승으로 삼고 존경하였다."(天下翕然師尊之.)라고 한 것을 통해 구양수 산문의 영향이 얼마나 큰지를 알 수 있다. 또 "구양자는 지금의 한유다."(今之韓愈也.)라고 한 것을 통해 송대 고문운동에서 구양수의 공적이 대단히 많다는 것도 알 수 있다. 어떤 의미에서 말하자면, 구양수가 고문운동에서 승리를 거둔 과정은 바로 그의 산문이 당시의 문풍에 영향을 미치는 과정이라고 할 수 있다.

구양수의 동년배에 대한 구양수 산문의 영향은 송기(宋祁)의 문풍 변화로부터 반영되어 나왔다. 송기는 구양수와 함께 한차례 《신당서(新唐書)》를 편찬하였다. 그는 구양수 보다 더 일찍이 이름이 났는데, "꽃 붉게 핀 살구나무 가지에 봄기운이 분주 하네."(紅杏枝頭

---

7) <六一居士集叙>, 《經進東坡文集史略》卷五十六

春意鬧)라는 명구(名句) 때문에 사람들은 "붉은 살구꽃 상서"(紅杏尙書)라 찬미하였지만, 그가 문장에서 사용하는 글자는 비교적 난해하여 이해하기 어려웠다. 한번은 구양수가 "밤에 잠을 자는데 꿈이 상서롭지 않아 '크게 길 하라'고 쪽지를 써 붙였다."(宵寐匪禎, 札闥鴻庥)고 하는 여덟 글자를 크게 문에다 썼다. 송기가 그에게 무슨 뜻이냐고 묻자, 구양수는 "밤에 꿈자리가 좋지 않아 문에다 '크게 길 하라'고 써 붙였네."(夜夢不祥, 書門大吉)라고 하였다. 이로부터 송기는 자신의 부족함을 크게 깨닫고는 쉰 살 이전에 쓴 지난 작품을 뒤적여 보고서 마침내는 부끄러워 땀이 흘러 내렸을 뿐만 아니라, 누군가에게 나는 춘추(春秋)시대의 거원(蘧瑗)과 마찬가지로 예순이 되어서야 비로소 쉰아홉 때의 잘못을 알았으니, 정말이지 이전에 지은 작품을 모두 태워버리고 싶다고 하였다.

구양수는 왕안석에게 글을 짓는 데 있어서 "자연스러움을 취해야 한다."(取其自然)는 도리를 알려 주었고, 왕안석도 아래의 <제장사업시(題張司業8)詩)> 시에서 말한 것과 같이 훗날 이러한 이치를 몸소 느낄 수 있었다.

    소주의 장적은 늙어서야 시로 이름났는데,
    악부시는 모두 말의 묘함이 입신의 경지에 이르렀네.
    평범한 듯 보이는 것이 가장 뛰어나고,
    이루기 쉬운 듯한 것이 되려 힘이 든다네.

---

8) 張司業(장사업): 장적(張籍)을 가리킨다. 자는 문창(文昌)이고 중당대(中唐代) 시인으로 원적(原籍)은 소주(蘇州)이며 국자사업(國子司業)을 지냈다.

蘇州司業詩名老　　　樂府皆言妙入神
　　　看似尋常最奇崛　　　成如容易却艱辛9)

　이 시를 통해 왕안석이 일상적인 평범한 언어로써 기이한 의경을 표현하는 작품을 쓰기가 결코 만만치 않다는 것을 이미 잘 알고 있음을 알 수 있다. 그가 훗날에 쓴 작품도 매우 높은 성취를 거두었다.
　증공(曾鞏)은 구양수가 추천하고 발탁하여 이름을 떨치고 나서야 유명해진 인물이다. 그는 구양수의 영향을 비교적 많이 받아서 뒷날 역시 산문대가가 되었고, 게다가 문장 풍격도 구양수의 부드럽고 아름다운 특징에 가깝다.
　삼소(三蘇) 가운데 소식은 구양수 산문의 특징을 더욱 두드러지게 계승하고 발전시켰다. 가우 2년 지공거(知貢擧)가 된 후, 구양수는 그의 <상매직강서(上梅直講書)>를 읽고 나서는 흥분하여 매요신에게 편지를 써서 "소식의 서신을 읽으니 느끼지도 못하게 땀이 흐르네. 멋지도다! 멋지도다! 늙은이는 마땅히 길을 비켜주어야겠네, 그가 두각을 나타낼 수 있게 말이야."(讀軾書, 不覺汗出, 快哉快哉！老夫當避路, 放他出一頭地也. 可喜可喜.)10)라고 하였다. 이른바 "길을 비켜준다"(避路)는 것은 비교적 높은 자신의 재능과 지위 때문에 다른 사람의 발전이 가로막히는 것을 애써 피한다는 의미로, 다른 사람을 위해 길을 양보한다는 뜻이다. 구양수의 도움과 사랑으로 소식은 뒷

---

9) <題張司業詩>, 《王安石全集》
10) <與梅聖兪書>(其三十一), 《歐陽修全集·書簡》卷六

날 문학적 명성이 멀리까지 전해져 온 천하에 명성을 떨쳤고, 구양수의 뒤를 이어 당시 문단의 영수가 되었다. 아울러 구양수가 열어 놓은 한 시대의 새로운 경향을 더욱 확대 발전시켰다. 사방의 문인 사대부들이 앞 다투어 소식의 주위에 모여들었는데, 그 가운데에는 "붓끝이 일만 마리의 소를 되돌리게 할 수 있는"(筆端可以回萬牛)[11] 황정견(黃庭堅)[12]과 문사(文辭)가 아름답고 내용이 깊은 진관, "지식의 주머니가 사해를 담을 만한"(智囊可以括四海)[13] 조보지(晁補之)[14], 시가의 기세가 끝없이 드넓고, 이미지는 맑고 깔끔한 장뢰(張耒)[15] 및 진사도(陳師道)[16]· 이치(李廌)[17]등이 포함되어 있다.

북송(北宋)의 도학가(道學家)[18]와 남송(南宋) 이후의 공리파(功利派)[19]도 구양수 문장의 평이한 풍격을 찬미하고 배워서 그들의 철학

---

11) 〈以團茶洮州綠石硯贈無咎文潛〉, 《山谷內集詩注》 卷六
12) 黃庭堅(황정견: 1045-1105): 자는 노직(魯直)이고, 자신의 호를 산곡노인(山谷老人) 이라 불렀다. 북송 후기 시인이자 사인으로 강서시파(江西詩派)의 첫 머리를 연 사람 이며, 《산곡집(山谷集)》이 있다.
13) 〈以團茶洮州綠石硯贈無咎文潛〉, 《山谷內集詩注》 卷六
14) 晁補之(조보지: 1053-1110): 자는 무구(無咎)이고, 북송 후기 시인으로, 《계조집(鷄肋集)》이 있다.
15) 張耒(장뢰: 1052-1112): 자는 문잠(文潛)이고, 북송 후기의 시인이며 《완구집(宛邱集)》이 있다.
16) 陳師道(진사도: 1053-1101): 자는 이상(履常), 또는 무기(無己)라고도 한다. 별명은 후산거사(後山居士)이고, 강서파 시인이며, 《후산집(後山集)》이 있다.
17) 李廌(이치: 1059-1109): 자는 방숙(方叔)이고, 북송 후기 시인으로 《제남집(濟南集)》이 있다.
18) 道學家(도학가): 송대 주돈이(周敦頤)· 소옹(邵雍)· 장재(張載)· 정호(程灝)· 정이(程頤)· 주희(朱熹)· 육구연(陸九淵) 등의 유학자들은 성리학을 강구하고 선왕의 도통(道統)을 옹호하였는데, 사실은 유(儒)· 불(佛)· 도(道) 삼가(三家)가 혼합된 유심주의(唯心主義) 철학자이다.
19) 功利派(공리파): 송대 이학(理學)의 한 유파로 대표 인물로는 설계선(薛季宣)· 진부

관념을 널리 알렸다. 구양수의 문풍은 또 명대(明代)의 당송파(唐宋派)20) · 공안파(公安派)21) · 경릉파(景陵派)22)와 청대(淸代)의 동성파(桐城派)23)에까지 영향을 미쳤다.

량(陳傅良) · 엽적(葉適) 등이 있다. 그들이 모두 영가(永嘉) 사람이므로 영가파(永嘉派)라도 부른다. 그들이 사회경제에 집중적으로 관심을 가졌기 때문에 "공리파"라고도 부른다.
20) 唐宋派(당송파): 명대(明代)의 문학 학파. 왕신중(王愼中) · 당순지(唐順之) · 귀유광(歸有光) · 모곤(茅坤)을 대표 인물로 한다. 그들은 문장 창작에 있어 당송대의 문장을 숭상하고 모범으로 삼았기 때문에 "당송파"라고 부른다.
21) 公安派(공안파): 명대의 고문 유파. 원종도(袁宗道) · 원중도(袁中道) · 원굉도(袁宏道) 삼형제를 대표 인물로 한다. 원(袁)씨 형제가 호북성(湖北省) 공안(公安) 사람이기 때문에 "공안파"라고 부른다.
22) 景陵派(경릉파): 명대의 고문 학파. 종성(鍾惺) · 담원춘(譚元春)을 대표 인물로 한다. 그들이 호북성 경릉(景陵) 사람이므로 "경릉파"라고 부른다.
23) 桐城派(동성파): 청대의 문학 유파. 方苞(방포) · 姚鼐(요내)를 대표 인물로 한다. 그들이 안휘성 동성(桐城)사람이기 때문에 "동성파"라고 부른다.

제15장 구양수의 사(詞)

　구양수는 저명한 시인이자 산문작가일 뿐 아니라, 대단한 사(詞) 작가이기도 하다. 일부 학자는 구양수의 사가 시의 성취보다 더 높고 영향이 크다고 생각한다. 사는 수대(隋代)와 당대(唐代)에 나와서 송대(宋代)에 성행하였다. 이른바 "진루와 초관에서는 다투어 새로운 곡조 내기를 하네."(秦樓楚館1), 競賭新聲)라는 것은 도시의 사치스런 생활 속에서 사대부가 전사(塡詞)하고 곡조를 만드는 정경을 말한다. 구양수의 사는 내용상 역시 대부분이 "금으로 된 술잔에다 술을 따라 마시고, 박달나무로 만든 짝짝이를 두드린다."(金樽檀板)거나 "잠시 산뜻한 기쁨을 선사하는"(聊佐淸歡)부류에 속하지만, 예술적으로는 남당(南唐)의 풍연사(馮延巳)2) 계열의 맑고 수려한(淸俊)한 풍격을

---

1) 秦樓(진루): 춘추시대 진(秦)나라 목공(穆公)이 딸 농옥(弄玉)과 그의 남편 소사(蕭史)를 위해 지어준 누각. 소사(蕭史)는 피리를 잘 불어 봉황을 불렀다고 하며, 농옥이 소사에게 시집 가 피리 부는 것을 배운 뒤 봉황을 불렀다 한다. 두 사람은 10여 년을 함께 살다가 각각 봉황과 용을 타고 승천했다 한다.
2) 馮延巳(풍연사: 904-960): 자는 정중(正中)이고 광릉(廣陵: 지금의 강소성 揚州) 사람

계승·발전시키고, 금을 깔고 옥을 엮어 놓은 듯하고, 연지와 분 향내 풍기는 여인 같이 겉치레에 치중하는 화간파(花間派)3)의 습성을 배척했다. 약간 이른 시기의 사 작가인 안수(晏殊)는 구양수의 동향 사람인데다, 스승과 제자의 관계도 있어, 구양수에게 다소 영향을 미쳤다. 그러나 안수는 평생 동안 고관대작을 지내며 발자취가 경기(京畿) 5백리를 떠나 보지 않았다. 그는 "피리 불고 노래 부르며 집으로 돌아오니, 등불이 누대를 내려오네."(笙歌歸院落, 燈火下樓臺)4)와 같은 부류의 부귀한 사람들의 작품만을 감상하였다. 그의 《주옥사(珠玉詞)》가 비록 풍년사의 사를 배우기도 하였지만, 단지 "수려함"(俊)만 터득하였을 뿐, "심오함"(深)은 터득하지 못하였다. 그래서 끝끝내 화려한 격식을 벗어나지 못하였다. 구양수의 경력은 크게 달라 서정의 심도를 더하는 데다 많은 노력을 기울였기 때문에 훗날 안수와는 점점 다른 방향으로 발전해 갔다.

세상에 전하는 구양수의 사는 《육일사(六一詞)》(즉 근체악부(近體樂府))와 《취옹금취외편(醉翁琴趣外篇)》이 있다. 전자는 서경(敍景)·서정(抒情)·영사(詠史) 등의 내용을 담고 있고, 후자는 주로 염사(艶詞)이다. 구양수는 서경사(敍景詞)가 상당히 많다. 예를 들면, <채상자

이다. 남당(南唐) 중주(中主) 시대의 사 작가로 관직은 재상에 이르렀고 《양춘집(陽春集)》이 있다. 격조가 비교적 청신(淸新)한 사를 많이 지었다.
3) 花間派(화간파): 오대(五代)시대 후촉(後蜀) 사람 조숭조(趙崇祚)가 온정균(溫庭筠)·황보송(皇甫松)·위장(韋莊) 등 18명의 사 작가의 작품을 가려 뽑아 화간집(花間集)을 편찬하였다. 그들의 사풍(詞風)이 대부분 화려하고 조탁을 많이 하였기 때문에 사람들은 "화간파"라고 부른다.
4) <宴散>, 《白居易集》

(採桑子)〉 13수와 같은 것들인데, 그 가운데 세 번째 작품을 살펴 보자.

그림 같은 배에 술 싣고 서호에서 노닌다.
빠른 리듬 생황 소리 어지러운 가야금 가락
옥잔 빨리 전해주라 재촉하네.
잔잔한 물결 위 배 흔들리지 않으니 술기운에 잠이 오는구나.

떠가는 구름은 바로 배아래 지나가고
하늘과 물은 맑고 깨끗하네.
우러러보고 굽어보며 떠나기 아쉬워 머무적거리는데
호수 가운데에 별천지 있는 듯하네.

畵船載酒西湖好. 急管繁弦, 玉盞催傳. 穩泛平波任醉眠. ◆行雲却在行舟下. 空水澄鮮, 俯仰留連. 疑是湖中別有天.5)

이 사는 쌍조(雙調)로 상결(上闋)은 거문고와 피리소리 아름답게 어우러지는 가운데에서 잔을 주거니 받거니 술을 마시다가, 술이 거나하게 취하여 잠시 쉬고 있는 것을 묘사하였다. 하결(下闋)은 서호에 배를 띄우고 유람하면서 감상하는 즐거움을 쓰고 있다. 작자는 자연의 아름다움을 발견하여 예술적으로 재현하는데 뛰어나다. 이 사는 작자의 체험과 감각, 심지어는 착각을 통해서 경물의 상태를 묘사하기도 하였다. 물결빛이 뜬 구름을 비추고 있다고 하지 않고 "떠가는 구름이 바로 배 아래를 지나고 있다."(行雲却在行舟下)고 하

---

5) 〈採桑子〉其三, 《歐陽修全集·近休樂府》卷一

였다. 끝에서는 "호수 가운데에 별천지 있는 듯 하네."(湖中別有天)라 하여 서호의 물과 하늘의 맑고 투명함이 자아내는 묘한 정취를 드러내면서, 유람객의 마음과 정신이 끝없이 드넓음을 묘사해 내고 있다. "의"(疑) 이 한 글자가 취한 듯 하면서도 취하지 않고, 그럴 듯 하면서도 그렇지 않는 분위기를 자아내어 마음속을 더욱 더 시원하게 한다.

또 다른 한 수에서는 다음과 같이 쓰고 있다.

> 뭇 꽃들 떨어진 뒤에도 서호가 좋다.
> 져버린 꽃잎이 이리저리 뒹굴고
> 버들개지 어지러이 날아다닌다.
> 난간에 늘어진 버들가지는 온종일 바람에 한들거리네.
>
> 생황 장단에 부르던 노래 소리 흩어져 다하니 놀던 사람 돌아간다.
> 이제야 봄날의 허전함을 느껴
> 창에 걸린 발 드리우니
> 한 쌍의 제비 가랑비 속에 돌아온다.
>
> 群芳過後西湖好. 狼藉殘紅, 飛絮濛濛. 垂柳欄干盡日風. ◆笙歌散盡遊人去. 始覺春空, 垂下帘櫳. 雙燕歸來細雨中.6)

이 사는 서호의 늦봄 경치에서부터 개인의 산뜻하고 편안한 생활의 묘사에 이르기 까지, 마치 태연하게 세속을 벗어나 있는 산수화 같다. 그리고 자연의 아름다움에 대한 사랑의 마음이 화면 속에 깊

---

6) <採桑子>其四, 《歐陽修全集·近体樂府》卷一

숙이 녹아 들어가 있다.

<채상자>외에 예를 들면, "살구꽃 붉게 핀 곳은 푸른 산이 이지러져 있는 곳, 산 길 가는 나그네 산자락에서 쉬고 있네."(杏花紅處青山缺, 山畔行人山下歇.)[7], "제방에 부딪힌 봄날의 물결은 사방에서 하늘에 드리워지고, 녹양루 밖에는 그네 타는 여인 드러나 보이네."(拍堤春水四垂天, 綠楊樓外出秋千.)[8] 등의 멋진 구는 사람들에게 평온하고 고요하며 맑고 산뜻한 느낌을 가져다준다.

구양수 사 가운데 서정에 치우친 작품은 봄날에 들뜬 마음을 읊은 것, 늙음을 탄식하는 것, 이별을 아쉬워하는 것 등의 세 부류로 나눌 수 있다. 봄날에 들뜬 마음을 읊은 서정사(抒情詞)를 살펴보자.

> 정원은 얼마나 깊고 깊은지?
> 수양버들은 안개같이 싸고 있고, 주렴과 장막은 얼마나 겹겹이 싸고 있는지.
> 옥으로 새겨지고 조각으로 장식된 말안장 놓인 말을 타고 놀러가는 곳
> 누각 높이 올라서 바라보아도 장대로 가는 길은 보이지 않네.
>
> 비바람 몰아치는 삼월 저녁에 대문 꼭꼭 걸어 잠그고
> 가는 봄 머물게 할 방법이 없네.
> 눈물 젖은 눈으로 꽃에게 인사 건네지만 꽃은 아무런 말이 없고
> 어지러이 흩날리는 붉은 꽃들은 그네를 지나 날아간다네.
>
> 庭院深深深幾許? 楊柳堆煙, 帘幕無重數. 玉勒雕鞍遊冶處, 樓高不見

---

7) <玉樓春>其五, 《歐陽修全集·近体樂府》卷二
8) <浣溪沙>其二, 《歐陽修全集·近体樂府》卷三

章臺路. ◆雨橫風狂三月暮, 門掩黃昏, 無計留春住. 泪眼問花花不語, 亂紅飛過秋千去.9)

60자(字)로 된 이 작품은 불행한 여자의 고독과 저녁 무렵의 모습을 묘사하였다. 안개 같은 수양버들, 겹겹이 쳐진 발과 장막이 깊고 깊은 정원을 휩싸고 있다. 높은 누대 위에 올라 바라보아도 말 달려 기루(妓樓)에 놀러가는 사람들의 모습이 보이지 않는다. 그리움의 정은 그 정원 마냥 깊다. 그 불행한 여자는 금방 시들게 될 꽃송이 같다. 이 늦은 봄 황혼 무렵에 그녀는 대문을 꼭꼭 걸어 잠그고 마치 자신의 청춘이 대자연의 봄 경치와 함께 머물러 있기를 바라는 것 같다. 눈물 가득한 그녀의 눈은 비바람에 부당하게 무참히 당하고 있는 잔화(殘花)를 바라보고 있다. 똑같은 운명인 그들에게 인사라도 하려는 듯이. 그러나 잔화가 그녀의 인사에 대답할 리도 없고 그녀의 모습에 동정과 안타까움을 보낼 리도 없다. 그들은 한 조각 한 조각씩 쫓아오더니 바람에 날려 어디론가 날아가 버렸다. 작품 전체는 객관적인 경물을 빌어 인물의 내면세계를 층층이 그리고 깊숙이 그려내고 있다. 경물묘사와 감정토로가 융합되고, 혼연일체가 되게 하였다. 그리고 세 개의 "深"자를 잇달아 중첩하니 분위기가 유달리 짙을 뿐 아니라 음운도 아주 여유롭다. 언어를 다듬은 공력(功力)이 실로 보기 드물 정도로 뛰어나다. 마지막 구에 "눈물 젖은 눈으로 꽃에게 인사 건네지만 꽃은 아무런 말이 없고, 어지러이 흩날리는 붉은 꽃들은 그네를 지나간다."(泪眼問花花不語, 亂紅飛過秋千去.)에

---

9) <蝶戀花>其九, 《歐陽修全集・近体樂府》卷二

는 감정 이입이 더욱 깊다. 어쩐지 여류 사 작가 이청조(李淸照)10)가 읽은 후에 "난 이 사가 너무 좋아!"(予酷愛之)라고 하였다더니. 그녀는 구양수의 이 작품에서 실마리를 얻어 "정원은 깊고 깊어"(庭園深深)를 첫머리로 하여 연거푸 여러 결(闋)의 사를 지었다. 풍후(馮煦: 1842-?)는 구양수 사의 "대범하고 세속에 구애받지 않는 풍격은 소식의 사풍을 열었고, 사상과 감정이 깊고 부드러운 풍격은 진관의 사풍을 열었다."(疏雋開子瞻, 深婉開少遊)고 하였다.11) 이른바 "사상과 감정이 깊고 부드러운 풍격은 진관의 사풍을 열었다."(深婉開少遊)는 말은 사실 여기에서 그치지 않는다. 이러한 깊고 완곡한 풍격은 이청조에게도 깊은 영향을 미쳤다.

서정사 가운데 늙음을 탄식한 것으로는 다음과 같은 작품이 있다.

> 따뜻한 해는 길디 길고 활짝 핀 꽃은 하늘거리는데
> 젊은이들은 곱게 화장한 애인을 데리고 꽃과 아름다움을 견주어 본다.
> 꽃은 말할 수 없으니 웃을 수 있을 뿐인데
> 금으로 된 술 주전자 기울이자
> 꽃은 피어 아직 시들지 않았고 젊은이들 나이 한창이네.
>
> 수레와 말은 도성의 성문으로 와 이리저리 소란스럽지만
> 지나가는 사람은 도성으로 오가는 길 부러워하지 않네.
> 궁궐의 물시계 소리와 거리의 북은 시각을 알려주고
> 어둠을 재촉하여 새벽이 되게 하니

---

10) 李淸照(이청조: 1084-약1151): 호는 이안거사(易安居士)이고 제남(濟南)사람이며 조명성(趙明誠)의 아내. 《수옥사(漱玉詞)》가 전해진다.
11) 《宋六十家詞選·例言》

도성안 사람들이 먼저 늙는다네.

> 暖日遲遲花裊裊, 人將紅粉爭花好. 花不能言惟解笑, 金壺倒, 花開未老人年少. ◆車馬九門來扰扰, 行人莫羨長安道. 丹禁漏聲衢鼓報, 催昏曉, 長安城裏人先老.12)

이 사의 하결에서는 도성의 성문에 수레와 말이 이리저리 분주하며 유달리 북적대는 것을 쓰고 있다. 길 가는 사람들아! 나는 도성의 생활을 부러워하지 말기를 권하노라. 해질 무렵 궁궐의 물시계 소리에서부터 둥둥거리며 아침을 알리는 거리의 북소리까지, 하루하루, 한 달 한 달, 한 해 한해의 시간이 꼭 이렇게 무료하게 지나가니 도성 안의 사람들은 다른 곳의 사람들보다 더 일찍이 늙을까 걱정한다.

구양수사 가운데 <임강산(臨江仙)>13)은 작자의 신세 한탄을 기탁하였다.

> 금란전에서 함께 합격 명단 불리어지던 때
> 봄바람을 맞으며 경성의 만개한 꽃들이 떠오르네.
> 이제 낮은 관직으로 하늘 끝에서 늙어가고
> 십 년 동안 기로에서
> 헛되이 곡강의 꽃을 저버렸네.
>
> 낭산은 낭원과 통한다고 들었지만

---

12) <漁家傲> 其四, 《歐陽修全集·近体樂府》卷二
13) <臨江仙> 其二, 《歐陽修全集·近体樂府》卷三

누대가 높아 그대의 집이 보이지 않는다네.
외로운 성에 싸늘한 해가 한가히 비치노니
이별의 수심은 이루 다 표현할 수 없는데
붉은 나무는 저 멀리서 노을과 이어져 있네.

記得金鑾同唱第, 春風上國繁華. 如今薄宦老天涯, 十年岐路, 空負曲江花. ◆ 聞說閶山通閬苑, 樓高不見君家. 孤城寒日等閑斜, 離愁難盡, 紅樹遠連霞.

이 작품에서는 "늙음을 근심하는"(憂患凋零) 가운데 느끼는 자신의 불만과 불평을 함축적으로 표현하였다. 이와 유사한 작품으로는 <옥루춘(玉樓春)>(其九)[14]이 있다.

두 늙은이 서로 만나 명절을 보내는데
마침 버들개지가 눈송이 같이 흩날린다.
실컷 마시고 청춘과 대적하려니
대답 없는 새 꽃은 백발을 수줍어하네.

인생의 만남과 이별은 활시위와 오늬 관계 같이 정처 없으니
늙어갈수록 바람 같은 마음은 이별을 더 아쉬워하네.
모두들 금으로 된 잔의 술을 늘어진 연잎에 부어
서루의 새벽달 질 때까지 실컷 마셔 보세나.

兩翁相遇逢佳節, 正值柳綿飛似雪. 便須豪飲敵靑春, 莫對新花羞白髮. ◆ 人生聚散如弦筈, 老去風情尤惜別. 大家金盞倒垂蓮, 一任西樓低曉月.

---

14) 《歐陽修全集·近體樂府》卷三

내용이 비록 퇴락하여 늙음을 탄식하는 것이지만, 형식은 전통의 "은유"(隱喩) 방식을 탈피하여서 잘 꾸며 표현해내는데 신경 쓰지 않고, 마음속의 흉금을 직접적으로 토로하였다. 작자가 실제로 체험한 기록에다 그가 생활한 시대를 반영하였다. 이는 사의 제재의 범위를 확대하고, 사의 표현 수법을 풍부하게 하는 데 있어 상당한 의의를 지닌다. 주목할 만한 것은 이들 사가 모두 다 뚜렷한 개성과 특징을 지니고 있다는 점이다. 그 개성과 특징은 바로 늙어서 쇠약해진 가운데에서도 나타내 보이는 "고아하고 힘이 넘치고 웅대하고 꼿꼿하며"(蒼勁雄直) 대범하면서 달관한 모습, 포부를 이루었을 때 나타내 보이는 "공을 이루어 이름이 났지만, 집착하지 않고 떠나는"(功成名就, 不居而去) 호방하고 세속에 얽매이지 않는 성격 및 늙음에 대해 굴복하지 않는 낙관적인 생각이다. 이들 사 작품 안에서 나타나는 작자의 형상은, 비록 "원망·증오·비방·분노가 내 한 몸에 모아져도"(怨疾謗怒, 叢於一身)15) 여전히 "포부와 기개가 흔들리지 않을"(志氣自若) 수 있는 산문 작품 <취옹정기> 속의 "파리한 얼굴과 흰 머리카락"(蒼顔白髮)의 저주 태수와 일치한다. 이것은 벼슬길에서 실의한 후 "여색을 가까이 한"(偎紅倚翠) 유영(柳永: 987?-1053?)과는 다소 다르다. 훗날 소식은 평산당(平山堂)을 지나가면서 구양수의 사 <조중조(朝中措)>를 떠올리고는 <서강월(西江月)> 한 수를 지었다. 그 작품 안의 두 구에서 "문장으로 이름난 태수를 애도하려고 버드나무에 봄바람 부네라고 거듭 노래한다."(欲吊文章太守, 仍歌楊柳春

---

15) <歸田錄序>, 《歐陽修全集·歸田錄》

風)고 하였다. 그의 "고개 들어 큰 장강이 동쪽으로 흘러간다고 소리 높여 노래 부른"(擧首高唱大江東去) 호탕한 기세와 대범하고 거침없는 풍격의 사는 어느 정도 구양수로부터 계승 발전한 것이라 할 수 있다.

서정사 가운데 석별의 정을 읊은 부류로는 다음과 같은 작품이 있다.

객사의 매화는 지고
시내 다리 가에는 버들잎 한들한들
풀은 향기롭고 바람 따스한데 말고삐 흔들며 나아간다.
이별의 괴로움 점점 멀어질수록 끝없어
봄물같이 아득히 끊이지 않네.

애간장 마디마디 끊어지고
분 바른 얼굴 눈물로 가득하네.
누각이 높으니 높은 난간에 기대지 말기를.
풀 무성한 들판이 다한 곳은 봄빛 가득한 산인데
떠나간 사람은 벌써 봄 산 밖에 있다네.

　　候館梅殘, 溪橋柳細, 　草薰風暖搖征轡. 　離愁漸遠漸無窮, 迢迢不斷如春水. ◆寸寸柔腸, 盈盈粉泪, 樓高莫近危欄倚. 平芜盡處是春山, 行人更在春山外.16)

상결은 춘수(春水)로써 이별의 아픔을 비유하였다. 하결은 집안의 가족들을 그리워하여서 애간장이 끊어지고, 두 눈에 눈물이 소나기

---
16) <踏莎行>其一, 《歐陽修全集・近体樂府》卷一

처럼 흘러내릴 것이라 상상하며 타향생활의 슬픔을 표현하였다. 이 작품은 전체의 구성이 멋지고, 말의 의미는 이해하기 쉬우면서 깊이가 있다.

또 한 작품을 살펴보자.

> 봄산 같이 아름다운 여인 눈썹 먹 거두고 나지막이 노래하며 부채질하고
> 잠시 보검 풀어놓고 송별연 자리에 오른다.
> 그림 같은 누대의 종소리에 혼이 이미 사라졌는데
> 하물며 말 우는 소리 나고 꽃향기 퍼지는 강 언덕이야?
>
> 낙양성문의 버드나무 색깔 사람 따라 멀어지니
> 바라보는데 보이지 않으려 할 때는 애간장 이미 끊어졌네.
> 낙양성의 봄 경치는 그대 오길 기다리니
> 떨어진 꽃 눈 싸라기 같이 날릴 때 까지 기다리게 하지는 말기를.
>
> 春山斂黛低歌扇, 暫解吳鉤登祖宴. 畵樓鐘動已魂消, 何況馬嘶芳草岸? ◆青門柳色隨人遠, 望欲斷時腸已斷! 洛城春色待君來, 莫到落花飛似霰.[17]

상결은 송별 연회를 쓰고 있다. 친구들이 칼을 풀어 놓고 시원스레 마시는 사이 종소리 문득 울리고 말소리는 갈길 재촉하니 노래하던 여인도 자세를 바로하고 노래를 멈춘다. 오랫동안 헤어져 있기 전 모임의 짧음을 맘껏 표현하여 이별할 때의 일종의 근심스런 분위기를 자아내고 있다. 하결에서는 도성의 교외에서 이별하고 멀리 눈

---

17) <春山斂黛低歌扇>其三, 《歐陽修全集·近体樂府》卷二

으로 전송하면서 애간장이 끊어지는 것을 쓰고 있다. 끝머리의 두 구는 큰소리로 친구에게 당부하는 것 같기도 하고, 자신이 마음속에서 낮은 소리로 말하는 것 같기도 하다. 진지하고도 돈독한 우정이 사람을 감동시킨다. 이외에 <낭도사(浪淘沙)>등의 작품과 같이 이별의 정을 읊은 작품은 모두 매우 진실되고도 절실하다.

　　술잔을 들어 봄바람에게 비노니
　　잠시 봄과 함께 머물러 달라고
　　버들 드리우고 꽃 만개한 낙양성 동쪽의 교외 길에서
　　그때 우리 손을 잡고
　　여기저기 꽃 사이를 돌아다녔었네.

　　만났다가는 바삐 헤어지자
　　이러한 원망은 끝이 없네.
　　올해의 꽃은 지난해보다 더욱 붉으니
　　내년의 꽃은 더욱 아름답겠지만
　　안타깝게도 누구와 함께할 것인가?

　　把酒祝東風, 且共從容. 垂楊紫陌洛城東. 總是當時携手處, 遊遍芳叢.
　◆聚散苦匆匆, 此恨無窮. 今年花勝去年紅. 可惜明年花更好, 知與誰同?18)

　송초의 사 작가는 살뜰한 심정을 많이 읊으면서, 만사(慢詞)를 지었는데, 영사(詠史)나 회고(懷古)의 작품은 아주 적었다. 구양수의 사 가운데 영사사(詠史詞)로는 다음과 같은 작품이 있다.

18) <浪淘沙>其一, 《歐陽修全集·近体樂府》卷三

오령의 보리 수확 다 끝나갈 때
여지의 열매는 이제 막 붉어지기 시작하고
진홍색 주머니 속엔 수정 구슬이 들어있네.
안타깝게도 하늘은 여지가 나는 곳을 멀게 하시어
장안과는 가깝지가 않다네.

지난일 돌이켜보며 개원의 일 생각하니
황비는 무척이나 좋아했었지.
혼백이 마외관에 흩어지고부터는
붉은 먼지만이 있고 역사는 없는데
여산만이 눈에 가득하네.

五嶺麥秋殘, 荔子初丹. 絳紗囊裏水晶丸. 可惜天敎生處遠, 不近長安.
◆往事憶開元, 妃子偏憐. 一從魂散馬嵬關, 只有紅塵無驛使, 滿眼
驪山.19)

양귀비가 좋아하는 여지를 그녀에게 먹이기 위하여 영남(嶺南)과 부주(涪州) 등지의 관리들은 백성들의 많은 인적・물적 낭비도 아끼지 않아 심지어 농작물을 짓밟고 목숨을 잃으면서도 매년 재빠르게 진상하였으니 천하가 이로 인해 불안하였다. 사치와 부패로 말미암아 멸망에 이르게 된 당(唐) 제국의 역사적 교훈은 작자에게 하나의 무거운 주제로서 사 작품 속에 운용되었는데, 이로써 옛것을 빌어 현재를 풍자하는 것을 기대하도록 하였다. 구양수는 아첨하여 총애를 얻는 비열한 행위에 대해 대단한 반감을 가지고 있어, 채양이 복건(福建)에서 소룡단차(小龍團茶)를 진상한 일에 대해 대단히 탄식한

---

19) <浪淘沙>其三, 《歐陽修全集・近体樂府》 卷三

적이 있다. 뒷날 소식은 <여지탄(荔枝嘆)>이라는 작품을 써서 이러한 생각을 밝혔다.

갖가지 원인, 특히 당시 사회적 풍조와 문학적 전통으로 인해 사의 창작에 인습(因襲)은 많은 반면 혁신은 적어 시와 문에 비해 발전이 뒤떨어지게 되었다. 구양수의 사는 어쨌든 그의 시문(詩文)과 밀접한 관계가 있다. 우리는 구양수의 사에서 자신이 영도한 시문개혁의 영향을 받은 흔적을 어렵지 않게 발견할 수 있다. 이 작품에서는 영사(詠史)를 통해 현실에 대해 다소의 비판을 가할 수 있었는데, 이것은 바로 사단(詞壇)의 전통적인 작풍(作風)을 돌파한 진보적 경향이라 할 수 있다.

구양수는 또 많은 염사(艶詞)를 지었다. 감정토로를 빌어 자신의 사상을 기탁한 것도 있고, 사랑하고 그리워하는 사실을 묘사한 것도 있다. 그가 매요신의 앞에서 관모를 벗고 머리를 흩트리고는 편히 누워 담소하던 것과 마찬가지로 사실을 묘사한 사에서는 엄숙한 모습을 바꾸어 풍류를 즐기고 너그러우며 온화함을 나타내 보였다.

  작년 정월 보름날 밤에
  꽃시장 등불은 대낮처럼 밝았다네.
  달이 버드나무 가지 끝에 오면
  사람들은 황혼 후까지 함께 하자고 기약했다네.

  올해의 정월 보름날 밤에도
  달과 등불은 여전히 작년과 같지만
  작년의 그 사람은 보이지 않으니

눈물만이 봄 옷소매에 가득 적시네.

去年元夜時, 花市灯如畵. 月到柳梢頭, 人約黃昏後. ◆今年元夜時, 月與灯依舊, 不見去年人, 泪滿春衫袖.[20)]

남녀의 만남을 묘사한 것이 꾸밈이 없이 소박하면서 생동적이며 조금도 엄숙하거나 부자연스럽지 않다. 그의 시문과 비교해보면, 다른 사람의 손에서 나온 것 같이 판단될 것이다. 이 때문에 어떤 이는 주숙진(朱淑眞)[21)]의 작품으로 잘못 보기도 한다. 그리고 <남가자(南歌子)>라는 작품은 한 소녀의 형상을 묘사하였는데, 통속적이면서 친근한 언어와 희극성이 넘치는 일련의 동작으로써 소녀의 귀엽고 천진난만한 자태를 그려내었다.

봉황처럼 땋은 머릿결 금박의 띠로 묶고서
용무늬 새겨진 옥 빗으로 머리를 빗네.
창 아래로 다가와서 웃으며 기대서서
'눈썹 화장 진하기가 유행에 맞나요?'라고 사랑스럽게 말하네.

붓을 만지며 오랫동안 그대에게 기대어
처음으로 한 송이의 꽃을 그려본다네.
대수롭지 않게 수놓던 일 접어두고는
'원앙이라는 두 글자 어떻게 쓰지요?' 라고 웃으면서 묻는다네.

---

20) <生査子>其一, 《歐陽修全集·近體樂府》卷一
21) 朱淑眞(주숙진): 송대의 여류 사 작가. 호를 스스로 유서거사(幽棲居士)라 불렀고, 《단장사(斷腸詞)》 1권이 전해진다.

鳳髻金泥帶, 龍紋玉掌梳. 走來窓下笑相扶, 愛道畵眉深淺入時無?
◆ 弄筆偎人久, 描花試手初. 等閑妨了綉功夫, 笑問雙鴛鴦字怎生書?22)

또 다른 <소충정(訴衷情)>23)은 가희(歌姬)의 고민스러운 생활을 반영하였다.

새벽에 옅게 서리 앉은 발을 거두고
손에 더운 김을 내불면서 매화장을 해 본다네.
지난날 이별의 한은 모두 있기 마련이니
먼 산같이 눈썹을 길게 그렸네.

지난일 생각하면서
흘러가는 아름다운 시절 아쉬워 하니
이내 마음 슬퍼지네.
노래를 부르려 하지만 두 손이 먼저 거둬지고
웃으려 하지만 얼굴이 찡그려 지는 것이
제일로 사람의 간장 끊어놓네.

淸晨帘幕卷輕霜, 呵手試梅妝. 都緣自有離恨, 故畵作遠山長. ◆ 思往事, 惜流芳, 易成傷. 擬歌先斂, 欲笑還顰, 最斷人腸!

상결은 가희가 이른 아침에 머리 빗고 화장하고서 먼 곳에 있는 마음에 둔 사람 때문에 두 눈썹을 먼 산의 모양으로 그리는 것을 쓰고 있다. 하결은 가희가 세월이 흘러가는 것을 안타까워하여 노래

---

22) <南歌子>, 《歐陽修全集・近体樂府》卷三
23) <訴衷情>, 《歐陽修全集・近体樂府》卷一

부르고 즐겁게 웃을 마음조차 없음을 써서 이별의 슬픔이 깊다는 것을 묘사해 내었다.

또 <접련화(蝶戀花)>라는 작품도 그러하다.

한가한 심정은 오래 팽개쳐 두라고 누가 말했던가?
봄 올 때마다 근심과 서러움 그대로인데.
날마다 꽃 앞에서 늘 술에 찌들어도
거울 속 붉게 윤기 나던 얼굴이 수척해지는 것도 마다않네.

강가엔 풀들이 무성하고 제방위엔 수양버들 넘실거린다.
무슨 일이 있기에 해마다 새로운 근심 생기는지 물으며
홀로 작은 다리에 서 있으니 바람이 옷깃을 가득 채우고
돌아온 뒤엔 새 달이 평지의 나무숲에 걸렸네.

誰道閑情抛棄久, 每到春來, 惆悵還依舊. 日月花前常病酒, 不辭鏡裏朱顏瘦. ◆ 河畔青蕪堤上柳. 爲問新愁, 何事年年有. 獨立小橋風滿袖, 平林新月人歸後.24)

상결에서는 작자 스스로 문답을 설정하였는데, 그 의미가 슬프고 처량하다. 하결에서는 여주인공이 향기 나는 풀과 버드나무를 보고 나서 새로이 근심이 더해지는 것을 쓰고 있다. 이어지는 한 구도 질문을 제기한 구로 근심스런 마음을 더욱 깊게 한다. 끝의 두 구에서는 비록 직접 문답을 하지는 않았지만, 근심스런 마음을 경물 묘사에 담아 표현하였다. 양계초(梁啓超: 1873-1929)는 이 작품의 시작 부

---

24) <蝶戀花>其十六, 《歐陽修全集・近体樂府》卷二

분을 매우 높이 평가하여 "황하가 물줄기를 감추고 있어 그 근원을 찾아낼 수 없는 것 같이 글 앞에 글이 있는 것 같다."(文前有文, 如 黃河伏流, 莫窮其源)25)고 여겼다. 신기질(辛棄疾: 1140-1207)의 <모어 아(摸魚兒)>의 시작 부분이 바로 이것에서 탈태(脫胎)한 것이다.

  구양수의 이러한 염사에 대해서는 역대로 논쟁이 상당히 많았다. 그러나 과거에는 대부분 구양수 사 중의 염사와 "천박한"(淺近) 작품을 위작으로 보았는데, 이는 근거가 부족한 주장이다. 사실 이런 부류의 구양수 사가 생겨난 것은 객관적이면서 필연적이다. 그 근원은 당시 사대부들의 향락 생활과 기생을 데리고 술을 마시던 풍습에 있다. 송사 중에 "아름답고 향기 나는 자태, 감정이 뒤얽혀 있고 구성진 상태"(綺羅香澤之態, 綢繆婉轉之度)를 묘사한 작품은 아마 수두룩할 것이다. 구양수의 사도 물론 예외는 아니다. 그의 <임강산>("버드나무 밖에 약하게 천둥치니 연못위엔 비내리네."(柳外輕雷池上雨))은 바로 구양수가 총애하는 관기(官妓)가 금비녀를 하나 잃어버렸기 때문에 연회에 지각하자, 전유연이 연회석상에서 그녀를 위해 "국고"(公庫)에다 보상을 청구하겠노라고 한 작품이다. <억진아(憶秦娥)>("열 대 여섯"(十五六))·<남향자(南鄕子)>("좋은 사람"(好個人人))은 더욱 추잡하고 낯간지러우며 눈뜨고 보기 민망한 작품이다. 그가 "사생활이 문란하다."(帷薄不修)고 두 차례 무고(誣告)당한 것도 집중적으로 어린 여자와 사사로이 정을 통하는 것을 쓴 <억강남(憶江南)> 사와 관계가 있다. 이들 염사 가운데 도대체 어느 작품이 착취를 일삼

---

25) <北守詞>評語,《飮水室詞評》乙卷

는 상류층의 의식을 완전하게 대표하고, 어떤 작품이 민가(民歌)의 영향을 수용하여 하층민들이 봉건 속박에서 벗어남을 반영하였는지, 혹은 예술형식면에서 어떠한 특징을 지니는지에 대해서 조심스럽고 신중하게 감별해낼 필요가 있다.

구양수는 확실히 민가를 배우는 데 주의를 기울였다. 구양수의 사 가운데 가장 많은 사패(詞牌)인 <어가오(漁家傲)>가 바로 민가에서 온 새로운 곡조이다. 이 곡조는 당(唐) <교방대곡표(敎坊大曲表)>에 보이지 않으며 오대(五代) 작가들의 사에서도 보이지 않지만, 뜻밖에도 돈황천불동(敦煌千佛洞)에서는 발견되었다. 칠율시(七律詩)보다 두 개의 삼언(三言) 구식(句式) 밖에 많지 않는 이러한 쌍조(雙調)가 민간에서는 정격연장(定格聯章)으로서 돌아가며 불려졌다. 예를 들면, "십이시가"(十二時歌)·"오경전"(五更轉)와 "백세가"(百歲歌) 등은 편집하여 보면 모두 손가는 대로 씌어졌고, 노래해보면 입을 따라 술술 나오며, 들어보면 듣기가 좋다. 구양수와 동시대 사람인 유영도 민가(民歌)로부터 배웠다. 범중엄이 섬서경략부사(陝西經略副使)로 있을 때, 이 곡조로 처량하고 비장한 장면을 쓴 적이 있다. 그러나 그가 <어가오> 사패를 사용한 것은 구양수 보다 훨씬 적다. 구양수가 이단원(李端願)이 연 연회석상에서 바로 <어가오>로써 <십이월고자사(十二月鼓子詞)>를 썼다. 왕안석은 그 전편(全篇)을 본 적이 있는데, 30년 후에도 아직 그 가운데 3구를 기억하고서 손님에게 "다섯 색깔의 새 실로 묶은 종자를, 금 쟁반에 담아 내놓는데, 얇은 비단으로 만든 그림 그려진 부채와 대받침에 두 마리 봉황이 그려져 있네."(五彩新絲

纏角粽, 金盤送, 生綃畵扇盤雙鳳.)라고 읊어 주었다. 고자사(鼓子詞)가 처음에는 시골에서 유행하였는데, 맹인들이 강창(講唱)을 짓고 "아고"(訝鼓)로써 박자를 맞추었다. 훗날 도시로 전해져 악관(樂官)이 문인에게 가사를 지어달라고 부탁하여 엮어서 하나의 모음곡으로 만들었다. 구양수는 시골이나 시장의 고자사를 위풍당당한 술자리에다 가져와서 연악(宴樂)으로 삼았으니, 그가 민간문학을 매우 중시하였음을 알 수 있다. 그는 또 <어가오(漁家傲)>에서 처음으로 채련선(採蓮船)26)을 제재로 사용하였다.

  꽃 밑에서 문득 두 상앗대 소리 들려오니
  재빨리 여자 짝이 찾아오네.
  어디에서든 연꽃잎을 술잔으로 하는구나.
  연꽃 따는 배가 흔들거리니
  때때로 잔속에 불그스레한 물결이 생기네.

  꽃향기 술 향기가 향긋하게 섞이고
  꽃받침과 술 마신 얼굴은 불그스레하게 어우러졌네.
  취하여 나무그늘에 잠시 잠이 들었네.
  놀라 일어나 바라보니
  뱃머리가 모래밭에 놓여 있네.

  花底忽聞敲兩槳, 逡巡女伴來尋訪. 酒盞旋將荷葉當. 蓮舟蕩, 時時盞裏生紅浪. ◆花氣酒香淸厮釀, 花腮酒面紅相向. 醉倚綠陰眠一餉. 驚起望, 船頭閣在沙灘上.27)

---

26) 採蓮船(채련선): 민간 무용의 하나로, 두 사람이 배타는 시늉을 하며 추는 춤 [역자주]

[1] 逡巡(준순): 신속하다. 아주 빠르다.
[2] 旋(선): 언제 어느 곳에서든지
[3] 厮釀(시양): 서로 섞이다.

  비록 문인의 숨결이 약간 스미어 있기는 하지만, 그래도 여전히 맑고 신선하며 즐거워하는 민가의 모습이 남아 있다. 물가 마을 소녀의 활발한 모습이 마치 사 속에서 뛰어놀고 있는 듯 하다.
  과거의 견해에 따르면, 58자 이내의 사를 소령(小令)이라 하고, 59자에서 90자까지의 사를 중조(中調), 91자 이상의 사를 장조(長調)라 한다. 중조와 장조는 모두 만사(慢詞)에 속한다. 만사는 소령보다 더욱 폭넓은 내용을 담을 수 있다. 어떤 의미에서 말하자면, 이것은 북송대의 신흥(新興) 문학이자 훗날 원곡(元曲)의 효시이다. 일반적으로 만사의 창시자가 유영이라고 하지만, 사실상 구양수도 유영과 동시에 많은 만사를 지었다. 구양수는 음(音)을 잘 알면서 거문고 연주에도 뛰어나 음악에 상당한 조예가 있었다. 그의 《취옹금취외편(醉翁琴趣外篇)》 안에 남아있는 만사로는 <천추세(千秋歲)>·<취봉래(醉蓬萊)>·<우비악(于飛樂)>·<답사행(踏沙行)>·<모어아(摸魚兒)>·<양주령(涼州令)> 등이 있다. 이들 만사는 백성들의 입에 살아있는 많은 소박한 어휘를 채용하였다. 속어(俗語)·이어(俚語)·구어(口語)를 모두 그의 사 속에 사용하여 송인(宋人)의 백화사(白話詞)와 구어사(口語詞)의 선하를 열었다.

---

27) <漁家傲> 其七, 《歐陽修全集·近体樂府》 卷二

歐陽修 年譜

- **1007년 진종(眞宗) 경덕(憬德) 4년**
  6월 21일에 면주(綿州 : 지금의 사천성四川省 면양綿陽)에서 출생. 자(字) 영숙(永叔).

- **1010년 진종 대중상부(大中祥符) 3년**
  4세. 부친 구양관(歐陽觀) 태주(泰州)에서 59세로 사망. 모친 정(鄭)씨와 함께 수주(隨州)로 가 숙부인 구양엽(歐陽曄)에게 의탁함. 모친이 띠풀로 땅에 그려가며 구양수에게 글자를 가르침. 시문(詩文) 학습 시작.

- **1016년 대중상부 9년**
  10세. 집안이 가난하여 책을 빌려서 베끼거나 암송함. ≪昌黎先生文集≫ (殘本) 6권을 빌려 읽고는 심후웅박(深厚雄博)함에 감탄하여 시문(時文)을 버리고 고문(古文)을 창작하기로 마음먹음.

- **1023년 인종(仁宗) 천성(天聖) 원년**
  17세. 수주(隨州)의 과거에 응시 했으나 관운(官韻)을 빠뜨렸다는 이유로 낙방함.

- **1027년 천성 5년**
  21세. 예부시(禮部試) 낙방.

- **1028년 천성 6년**
  22세. 자신이 지은 글을 들고 서언(胥偃)을 찾아갔고, 그의 문하에 들어가게 됨.

●1029년 천성 7년

23세. 국자감(國子監) 시험에서 수석 차지. 광문관(廣文館) 학생이 됨. 국학해시(國學解試)에서도 수석 차지함.

●1030년 천성 8년

24세. 정월, 예부시에서 수석. 3월, 숭정전(崇政殿) 어시(御試)에 갑과(甲科) 14등. 장사랑(將仕郞), 시비서성교서랑(試秘書省校書郞), 서경유슈추관(西京留守推官).

●1031년 천성 9년/明道 원년

25세. 3월 낙양(洛陽)으로 감. 윤수(尹洙)・매요신(梅堯臣) 등과 고문(古文)과 시가를 지으며 문단에 이름을 날리기 시작함. 스승인 서언(胥偃)의 딸과 혼인.

●1033년 인종(仁宗) 명도 2년

27세. 공무로 개봉으로 갔다가 오는 길에 수주에 들러 숙부 구양엽을 만남. 3월, 낙양으로 돌아오니 부인 서(胥)씨 출산 후유증으로 17세의 나이로 사망. 승봉랑(承奉郞)으로 승진.

●1034년 인종 경우(景祐) 원년

28세. 종8품(從八品) 선덕랑(宣德郞)으로 진급. 3월 낙양에서 임기 만료되어 양성(襄城)으로 돌아옴. 시대리평사(試大理評事) 겸 감찰어사(監察御使)를 제수 받고, 진남군적도장서기(鎭南軍節度掌書記)・관각교감(館閣校勘)을 맡음. 간의대부(諫議大夫) 양대아(楊大雅)의 딸과 혼인. 부인 양씨 이듬해 9월 사망.

●1036년 인종 경우 3년

30세. 범중엄(范仲淹)이 재상인 여의간(呂夷簡)에게 마찰로 요주(饒州) 지주(知州)로 좌천되자, 사간(司諫) 고약눌(高若訥)에게 서신을 보내 불의를 보고도 간(諫)하지 않는다고 질책, 이릉령(夷陵令)으로 좌천됨.

● 1037년 인종 경우 4년
31세. 3월, 설규(薛奎)의 딸과 세 번째 혼인. 12월, 광화군(光化軍) 건덕령(乾德令)으로 전임.

● 1040년 인종 보원(寶元) 3년
34세. 3월, 건덕(乾德)에 부임. 섬서안무사(陝西按撫使) 범중엄의 장서기(掌書記) 제의를 거절. 6월, 다시 관각교감을 맡아 《숭문총목(崇文總目)》을 편수. 태자중윤(太子中允)으로 전임. 장남 발(發) 출생.

● 1041년 인종 경력(慶曆) 원년
35세. 《숭문총목》 완성 후 집현교리(集賢校理)로 전임.

● 1042년 인종 경력 2년
36세. 4월, 지례원(知禮院)이 되어 상서를 올려 시대적 폐단을 간한 후 외임을 자청하여 활주통판(滑州通判)으로 옮김.

● 1043년 인종 경력 3년
37세. 4월, 안수(晏殊)의 추천으로 활주에서 개봉으로 불려 들어와 태상승(太常丞), 지간원(知諫院)으로 전임. 우정언지제고(右正言知制誥)로서 간관(諫官)의 직무 수행.

● 1044년 인종 경력 4년
38세. 8월, 용도각직학사(龍圖閣直學士), 하북도전운안찰사(河北道轉運按察使). 11월, 조산대부(朝散大夫)로 승진하고 신도현개국자(信道縣開國子)에 봉해져 식읍 5백호를 하사 받음.

● 1045년 인종 경력 5년
39세. 범중엄(范仲淹), 부필(富弼), 한기(韓琦) 등이 붕당을 조성한다는 명목으로 파직되어 귀양 가자 구양수는 《붕당론(朋黨論)》을 쓰는 등 그들을 위해 변론하다. 반대파에 의해 누이의 딸 장(張)씨와 애매한 관계가 있다는 누명을 쓰고 저주(滁州) 지주로 좌천됨. 차남 혁(奕)출생.

● 1046년 인종 경력 6년
40세. 저주 지주로 재임. 자신을 취옹(醉翁)이라 호(號)함.

● 1047년 인종 경력 7년
41세. 12월, 사면되어 상기도위(上騎都尉)가 더해지고 개국백(開國伯)에 봉해져 식읍 3백호를 더함. 삼남(三男) 배(裴) 출생.

● 1048년 인종 경력 8년
42세. 기거사인(起居舍人)으로 전임. 지제고(知制誥)로서 양주(揚州)의 지주로 자리를 옮김.

● 1049년 인종 황우(皇祐) 원년
43세. 정월, 안질(眼疾)로 고생함. 영주(潁州)지주로 전임. 서호(西湖)의 경치를 보고 은퇴 후 이곳에서 은거하기로 생각함. 4월, 예부랑중(禮部郞中)으로 전임. 8월, 용도각직학사(龍圖閣直學士)로 복직.

● 1050년 황우 2년
44세. 7월, 응천부(應天府) 지부(知府)를 거쳐 10월에 이부낭중(吏部郞中)으로 전임. 경거도위(輕車都尉)가 더해짐.

● 1052년 황우 4년
46세. 모친 정(鄭)씨 사망.

● 1053년 황우 5년
47세. 모친을 길주(吉州) 상강(瀧岡)에 장사지내고 영주(潁州)로 귀환.

●1054년 황우 6년 / 지화(至和) 원년
　48세. 동주(同州) 지주를 거쳐 9월에 한림학사(翰林學士) 겸 사관수찬(史館修撰)이 더해짐. ≪신당서(新唐書)≫ 편수.

●1055년 지화 2년
　49세. 채주(蔡州) 지주. 우간의대부(右諫議大夫).

●1056년 지화 3년 / 가우(嘉祐) 원년
　50세. 낙안군개국후(樂安郡開國侯).

●1057년 가우 2년
　51세. 권지예부공거(權知禮部貢擧), 예부시랑(禮部侍郞), 삼반원(三班院) 판관.

●1058년 가우 3년
　52세. 용도각직학사, 권지개봉부(權知開封府).

●1059년 가우 4년
　53세. 급사중(給事中). 호군(護軍) 봉호 획득.

●1060년 가우 5년
　54세. ≪신당서(新唐書)≫ 진상. 예부시랑 겸 한림시독학사(翰林侍讀學士), 추밀부사(樞密副使).

●1061년 가우 6년
　55세. 호부시랑참지정사(戶部侍郞參知政事), 개국공(開國公).

●1062년 가우 7년
　56세. 정봉대부(正奉大夫), 주국공(柱國公).

●1063년 가우 8년
57세. 호부시랑(戶部侍郞), 금자광록대부(金子光祿大夫).

●1064년 영종(英宗) 치평(治平) 원년
58세. 이부시랑(吏部侍郞)으로 전임.

●1065년 치평 2년
59세. 임갈증(淋渴症)으로 외임을 자청하였으나 윤허되지 않음.≪태상인혁례(太常因革禮)≫ 편찬.

●1066년 치평 3년
60세. 사직을 청하였으나 불허됨.

●1067년 치평 4년
61세. 관문전학사, 형부상서(刑部尙書), 박주(亳州) 지주.

●1068년 신종(神宗) 희녕(熙寧) 원년
62세. 은퇴를 청하였으나 윤허되지 않음. 병부상서, 청주(靑州)지주.

●1069년 희녕 2년
63세. 청주에서 재임.

●1070년 희녕 3년
64세. 채주(蔡州) 지주로 재임. 호(號)를 "육일거사"(六一居士)로 고침.

●1071년 희녕 4년
65세. 6월 관문전학사(觀文殿學士), 태자소사(太子少師)로 은퇴. 영주로 귀환.

●1072년 희녕 5년
 66세. 7월, 아들 발(發) 등과 ≪거사집(居士集)≫편정(編定)함. 같은 달, 영주(潁州)의 사저에서 사망. 태자태사(太子太師)가 추서됨.

찾·아·보·기

가

가도(賈島) 148
가의(賈誼) 120
감이자(感二子) 133
강남야록(江南野錄) 19
강창(講唱) 183
거사외집(居士外集) 151
거사집(居士集) 149, 150, 151
거원(蘧瑗) 159
견문록(見聞錄) 25
경력변법(慶曆變法) 140
경력신정 95, 121, 140
경릉파(景陵派) 162
고문운동 36, 122, 158
고약눌(高若訥) 50, 54
고자사(鼓子詞) 183
고차재과사영숙내한(高車再過謝永叔內翰) 116
곡성유(哭聖兪) 123
공리파(功利派) 161
공안파(公安派) 162
곽상정(郭祥正) 110
관문전대학사행병부상서서경류수증사공겸시중안공신도비명병서(觀文殿大學士行兵部尙書西京留守贈司空兼侍中晏公神道碑銘幷序) 28
교방대곡표(敎坊大曲表) 182
구문정오(舊聞正誤) 19
구승시(九僧詩) 20, 21
구양관(歐陽觀) 18, 19, 185
구양문충공문(歐陽文忠公文) 155
구양문충공집후서(歐陽文忠公集後序) 150
구양병 19
구양수 산문 155
구양수(歐陽修) 17, 18, 20, 22, 25, 28, 33, 34, 36, 38, 39, 43, 45, 49, 52, 55, 57, 58, 61, 68, 69, 70, 71, 75, 79, 81, 84, 85, 86, 89, 95, 97, 100, 101, 110, 113, 122, 131, 138, 141, 148, 153, 157, 163, 173, 177
구양수의 모친 104
구양수의 산문 155
구양순(歐陽詢) 17, 20
구양씨보도서(歐陽氏譜圖序) 17
구양언(歐陽偃) 18
구양엽(歐陽曄) 19, 185
구양정후(歐陽亭侯) 17
구양종(歐陽琮) 17

궁이후공　98
귀전록(歸田錄)　139
귀전록서(歸田錄序)　172
근체악부(近體樂府)　164
금석고문(金石古文)　151
기매성유(寄梅聖兪)　66
기생괴(寄生槐)　105
기성유(寄聖兪)　104
기저주구양영숙(寄滁州歐陽永叔)　96
기한자화(寄韓子華)　146

나

낙양모란기(洛陽牡丹記)　33
낙양재자(洛陽才子)　49
남가자(南歌子)　178, 179
남향자(南鄕子)　181
낭도사(浪淘沙)　175, 176

다

답사경산유고와연가(答謝景山遺古瓦
　硯歌)　62
답사행(踏莎行)　173, 184
답손정지제이서(答孫正之第二書)　73
답양벽희우장구(答楊闢喜雨長句)　83
답여공저견증(答呂公著見贈)　98
답오충수재서(答吳充秀才書)　73, 75
답자정소간의견기(答資政邵諫議見寄)
　146
답판반손대제견기(答判班孫待制見寄)
　151

답합서안무사범룡도사벽명서(答陝西
　安撫使範龍圖辭辟命書)　30
답허발운견기(答許發運見寄)　99
당송파(唐宋派)　162
당항(黨項)　44
당항족(黨項族)　87
대명수기(大明水記)　99
대장(對仗)　25, 130
대증전문초(代贈田文初)　62
도(道)　73, 74
도잠(陶潛)　145
도홍경(陶弘景)　20
독반도시기자미(讀蟠桃詩寄子美)　117
돈황천불동(敦煌千佛洞)　182
동성파(桐城派)　162

마

만사(慢詞)　184
망주파(望州坡)　65
매성유묘지명(梅聖兪墓誌銘)　123
매성유시집서(梅聖兪詩集序)　97
매요신(梅堯臣)　30, 36, 38, 69, 70, 71,
　76, 79, 94, 96, 104, 110, 111, 115, 116,
　123, 132, 133, 160, 177
매지(梅摯)　118
맹교(孟郊)　117, 147
맹자(孟子)　119
명인대사탑기(明因大師塔記)　40
모어아(摸魚兒)　181, 184
목수(穆修)　29, 30

목수문집(穆修文集) 75
문(文) 73
문림(文林) 95
문충(文忠) 152

바

반춘정(班春亭) 98
백거이(白居易) 36
백관도(百官圖) 49
백화사(白話詞) 184
벌수기(伐樹記) 40
범중엄(范仲淹) 44, 45, 47, 49, 55, 84, 85, 87, 104, 116, 182
범진(范鎭) 118, 152
변려(騈儷) 61
병서부(病署賦) 124
본사시(本事詩) 147
봉답자화학사안무강남견기지작(奉答子華學士安撫江南見寄之作) 105
부(賦) 36
부사산수기(浮槎山水記) 124
부필(富弼) 83, 84, 87, 115
북송고문운동 29
붕당(朋黨) 50, 85
붕당관(朋黨觀) 87
붕당론(朋黨論) 85
비비당기(非非堂記) 40

사

사강(謝絳) 39, 69, 70

사륙(四六) 시문 42, 118, 121
사륙문(四六文) 24, 30, 114, 119
사마광(司馬光) 21, 132, 147
사마천 155
사백초(謝伯初) 62
사영시(思穎詩) 104
사인혜탄(謝人惠炭) 147
사중휘(史中輝) 141
사판관유곡종화(謝判官幽谷種花) 98
사현일불초(四賢一不肖) 55
산문화(散文化) 98
산체(散體) 29, 130
삼소(三蘇) 132
상강천표(瀧岡阡表) 20
상매직강서(上梅直講書) 160
상범사간서(上范司諫書) 45
상산야록(湘山野錄) 40
상서학사언계(上胥學士偃啓) 26
상주주금당기(相州晝錦堂記) 134, 137
상황제서(上皇帝書) 132
생사자(生査子) 178
서간(書簡) 152
서강월(西江月) 172
서곤수창집(西崑酬唱集) 24
서곤옥부(西崑玉府) 24
서곤체 시 24
서곤체(西崑體) 23, 31, 42, 79
서곤파 42, 73, 149
서면어(書面語) 137
서무당(徐無黨) 95
서사산문 154

서언(胥偃) 26
서정산문 155
서호념어(西湖念語) 146
서회감사기매성유(書懷感事寄梅聖兪) 33, 37
서회書懷 139
서회하직정동행삼공(書懷下直呈同行三公) 133
석만경묘표(石曼卿墓表) 79
석연년 116
성률(聲律) 25
소령(小令) 184
소백온(邵伯溫) 25
소순(蘇洵) 116, 120, 122, 154
소순원(蘇舜元) 29
소순흠(蘇舜欽) 29, 30, 79, 104, 132, 133
소식(蘇軾) 101, 120, 122, 125, 152, 160, 169, 177
소철(蘇轍) 119, 120, 122, 154
소충정(訴衷情) 179
속시화(續詩話) 21, 147
손수재(孫秀才) 95
송기(宋祁) 158, 159
송매성유귀하양서(送梅聖兪歸河陽序) 38
송사(宋史) 28
송영숙귀건덕(送永叔歸乾德) 70
송옥(宋玉) 129
송장동추관부영흥경략사(送張洞推官赴永興經略司) 105
송패류초(宋稗類鈔) 40

수옥사(漱玉詞) 169
수원시화(隨園詩話) 68
수조가두・쾌재정(水調歌頭・快哉亭) 101
술회(述懷) 98
숭문총목(崇文總目) 43
시문(時文) 25
시문개혁 177
시문혁신운동 98
시정기(時政記) 131
시품(詩品) 147
시풍(詩風) 21
시필(試筆) 125, 139
시화(詩話) 147
시화총귀(詩話總龜) 147
식조민(食糟民) 105
신기질(辛棄疾) 181
신당서(新唐書) 123, 152, 158
신악부운동(新樂府運動) 36
신오대사(新五代史) 123, 152
신정(新政) 85
심준(沈遵) 94, 95
십이월고자사(十二月鼓子詞) 182

 아

안수(晏殊) 27, 28, 29, 81, 102, 164
안태위서원하설가(晏太尉西園賀雪歌) 82
애목선생문병서(哀穆先生文幷序) 29
앵무라(鸚鵡螺) 105

야문풍성유감봉정원부사인성유직강
  (夜聞風聲有感奉呈原父舍人聖兪直講)
  125
야사찰기(野史札記) 139
야율홍기(耶律洪基) 115
양계초(梁啓超) 180
양억(楊億) 23, 24
양일엄(楊日嚴) 88
양주령(凉州令) 184
어가오(漁家傲) 170, 182, 183
억강남(憶江南) 181
억진아(憶秦娥) 181
여고사간서(與高司諫書) 50, 55
여공저(呂公著) 116, 150
여매성유서(與梅聖兪書) 160
여산고 111
여산고증동년류중윤귀남강(廬山高贈
  同年劉中允歸南康) 107, 105
여이간(呂夷簡) 50
여정(余靖) 50, 84, 85
여지탄(荔枝嘆) 177
연산(宴散) 164
염사(艷詞) 177, 181
영사사(詠史詞) 175
영풍현(永豐縣) 18
예문(藝文) 95
오대사기(五代史記) 123
오류선생전(五柳先生傳) 145
오충(吳充) 75
옥루춘(玉樓春) 167, 171
온정균(溫庭筠) 24, 149

와교관(瓦橋關) 83
완계사(浣溪沙) 167
완릉집(宛陵集) 70, 123
완열(阮閱) 147
왕규(王珪) 118
왕소(王素) 84
왕안석(王安石) 95, 96, 116, 117, 122,
  132, 140, 152, 155, 159
왕유 101
왕향(王向) 95
용곤(龍袞) 19
우고당시화(優古堂詩話) 147
우비악(于飛樂) 184
운대편(雲臺編) 117
원곡(元曲) 184
원매 68
원진(元稹) 36
원호(元昊) 44
위태(魏泰) 147
유개(柳開) 29
유균(劉筠) 23, 24
유낭야산(遊琅琊山) 98
유대자원기(遊大字園記) 40
유령(劉伶) 133
유반(劉攽) 147
유용문(遊龍門) 34
유용문・백부분(遊龍門・白傅墳) 36
유우석(劉禹錫) 129
유원부(劉原父) 100
유원부수첩(劉原父手帖) 149
유종원 문집 29

유종원(柳宗元) 24
유향(劉向) 120
육경(六經) 120
육일거사(六一居士) 143
육일거사전(六一居士傳) 143, 145
육일거사집서(六一居士集叙) 155, 158
육일사(六一詞) 164
육일시화(六一詩話) 75, 147, 148, 149
윤수(尹洙) 30, 39, 50, 76, 104, 116
율체(律體) 130
의론산문 154
의운화곽상정비교우우숙소정견회(依韻和郭詳正秘校遇雨宿昭亭見懷) 111
이릉구영(夷陵九咏) 64
이릉현지희당기(夷陵縣至喜堂記) 59
이백(李白) 117, 129, 155
이상은(李商隱) 24
이청조(李淸照) 169
이치(李廌) 161
임강산(臨江仙) 170, 181
임한은거시화(臨漢隱居詩話) 147

자

자정전학사호부시랑문정범공신도비명(資政殿學士戶部侍郎文正范公神道碑銘) 45
자하북폄저주초입변하문안(自河北貶滁州初入汴河聞雁) 88
잡저(雜著) 152
장뢰(張耒) 161
장생(章生) 95
장지기(蔣之奇) 137, 138
재화성유견답(再和聖兪見答) 72
쟁신론(爭臣論) 47
적벽부(赤壁賦) 130
전명일(錢明逸) 88
전유연(錢惟演) 31, 41
접련화(蝶戀花) 168, 180
정(鄭)씨 19, 22
정곡(鄭谷) 20
정보신(丁寶臣) 63, 67
제구양소사문(祭歐陽少師文) 155
제매성유문(祭梅聖兪文) 123
제석만경문(祭石曼卿文) 80
제자백가서(諸子百家書) 120
제장사업시(題張司業詩) 159, 160
제저주취옹정(題滁州醉翁亭) 98
조개(趙槩) 150
조기(朝飢) 148
조무택(祖無擇) 75
조보지(晁補之) 161
조중조(朝中措) 100
주박(周樸) 20
주숙진(朱淑眞) 178
주역·대축(周易·大畜) 74
주옥사(珠玉詞) 164
주필대(周必大) 149
주희(朱熹) 93
중산시화(中山詩話) 147
중조(中調) 184
증공(曾鞏) 96, 119, 122, 132, 152,

155, 160
증심박사가(贈沈博士歌) 95
증왕개보(贈王介甫) 116
진관 161, 169
진사도(陳師道) 147, 161
진소유(秦少遊) 93
진지묵(陳知黙) 147
집고록(集古錄) 141, 145, 152

차

채련선(採蓮船) 183
채상자(採桑子) 146, 164, 166, 167
채양 43, 84, 85, 125, 176
천추세(千秋歲) 184
천포의소순장(薦布衣蘇洵狀) 120
초지영주서호종서련황양기회남전운려도지발운허주객(初至潁州西湖種瑞蓮黃楊寄淮南轉運呂度支發運許主客) 102
초지이릉답소자미견기(初至夷陵答蘇子美見寄) 66
총취정기(叢翠亭記) 40
최한(崔閑) 95
추성부 130
추회(秋懷) 133
춘산렴대저가선(春山斂黛低歌扇) 174
춘일서호기사법조가(春日西湖寄謝法曹歌) 62, 65
춘추(春秋) 39, 96
취봉래(醉蓬萊) 184

취옹(醉翁) 90, 143
취옹금취외편(醉翁琴趣外篇) 164, 184
취옹음삼첩(醉翁吟三疊) 94
취옹정(醉翁亭) 90
취옹정기(醉翁亭記) 90, 93, 94
취옹조(醉翁操) 94
칠율시(七律詩) 182
7언 율시(律詩) 67

타

태학체(太學體) 118

파

평산당(平山堂) 100
포증(包拯) 116, 123
풍락정(豊樂亭) 89
풍락정기(豊樂亭記) 89, 93
풍연사(馮延巳) 163
풍후(馮煦) 169
필설(筆說) 125, 139

하

한강(韓絳) 118
한기(韓琦) 134, 135, 152, 155
한당(漢唐) 고문 49
한림풍월(翰林風月) 117
한유 문장 22, 40, 122, 157
한유(韓愈) 문집 23, 121
한유(韓愈) 22, 24, 36, 47, 94, 95, 98, 117, 133, 155, 157, 158

한창려선생문집(韓昌黎先生文集) 21
현산정기(峴山亭記) 141
협주지희당기(峽州至喜堂記) 59
형상충후지지론(刑賞忠厚之至論) 119
혜숭(惠嵩) 21
호원(胡瑗) 116
화간파(花間派) 164
황계야박(黃溪夜泊) 65

황양수자부(黃楊樹子賦) 61, 130
황정견(黃庭堅) 161
회로당치어(會老堂致語) 151
후산시화(後山詩話) 147
희답원진희답원진(戲答元珍戲答元珍) 67
희우(喜雨) 104
희증정판관(戲贈丁判官) 68

▶ 지은이
- 곽정충(郭正忠)
  中國社會科學院 歷史硏究所 硏究員, 敎授 역임

• 저서
  『歐陽修』, 『范仲淹』, 『宋鹽管窺』, 『宋代鹽業經濟史』, 『三至十四世紀中國的權衡度量』, 『兩宋城鄕商品貨幣經濟考略』

• 논문
  「北宋中期的議榷詩」, 「宋代城鎭的經濟結構」, 「唐宋鎭市城墻問題的考察」, 「中國古代城市經濟史研究中的幾個問題」, 「宋代包買商人的考察」, 「商稅·斗稱·宋代市場」, 「宋代川峽鐵錢制度研究」, 「鐵錢與紙幣的起因」, 「南宋川峽鐵錢產量及其發展趨勢」, 「鐵錢與北宋商稅統計」, 「南宋中央財政貨幣歲收考辯」, 「南宋海外貿易收入及其在財政歲賦中的比率」 외 다수

▶ 옮긴이
- 황일권(黃一權)
  계명대학교 중어중문학과 졸업(문학사)
  계명대학교 대학원 중어중문학과 졸업(문학석사)
  中國 復旦大學 中文系 졸업(문학박사)
  계명대학교 인문대학 중국어문학과 조교수

• 저/역서
  『歐陽修散文研究』, 『중국어상용한자2500』(4인 공저), 『대학초급중국어(상)』(4인 공저), 『歐陽修散文選譯』, 『중국산문간사』(2인 공역)

• 논문
  「歐陽修抒情散文研究」, 「歐陽修散文研究」, 「風格用語 "風神"의 含意 辨析」, 「韓國에서의 歐陽修 산문 전파와 평가에 관한 연구」 외 다수

구양수평전

초판 1쇄 인쇄 2009년 8월 22일
초판 1쇄 발행 2009년 8월 31일

지은이 | 곽정충
옮긴이 | 황일권
펴낸이 | 하운근
펴낸곳 | 學古房

주　　소 | 서울시 은평구 대조동 213-5 우편번호 122-843
전　　화 | (02)353-9907　편집부(02)356-9903
팩　　스 | (02)386-8308
전자우편 | hakgobang@chol.com
등록번호 | 제311-1994-000001호

ISBN 978-89-6071-126-6 93820

값 : 13,000원

※파본은 교환해 드립니다.